ESTIME DE SOI ET FIN DU MONDE

Traduit de l'anglais (Irlande) par Géraldine Chognard

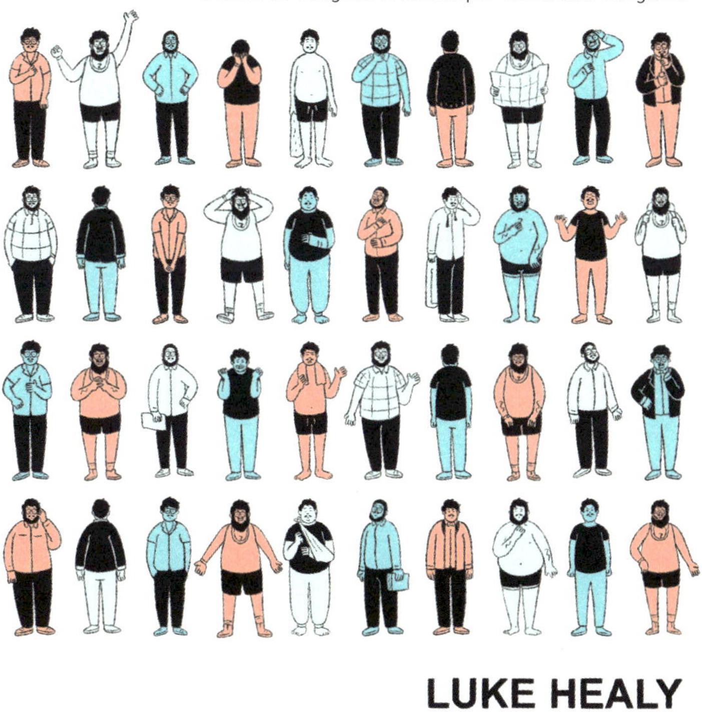

LUKE HEALY

C
am
bou
rakis

Luke Healy est un auteur de bande dessinée qui vit à Dublin, en Irlande. Il aime ce qui est drôle, et court.

Titre original : *Self Esteem and the End of the World*

Initialement publié par Faber & Faber Ltd en 2024.

fig. (1)
Égo
Au vu de vos réponses aux questionnaires, il semble que votre niveau de stress demeure très élevé.
(ïste)
Donc je renouvelle l'ordonnance pour l'inhalateur.
Vous avez l'impression que ça vous fait du bien ?
Un peu, peut-être.
GRAT

Bon, le dosage est minime, mais en situation de stress, ça peut aider.
Pour vous soulager vraiment, il faudrait que vous vous empariez des techniques dont je vous ai parlé ici.
Enfin, vous ne vous débarrasserez sans doute jamais complètement de votre anxiété.
Oui ? Dites-moi ?
J'essayais de me souvenir de la dernière fois où je ne me suis pas senti stressé.

Sans dramatiser, on sait que le réchauffement climatique est peu à peu en train de tuer toute vie sur terre.
J'ai trente ans. Ma carrière patine. Je ne serai jamais propriétaire.
Le seul fait de me préoccuper de mon rapport à la propriété alors que le changement climatique va progressivement anéantir toute vie sur terre fait de moi un monstre d'égoïsme.
C'est ce que vous appelez « ne pas dramatiser » ?
Et je ne parle pas de la montée du fascisme.
Belle preuve de modération.

Je suis fou, je sais.
Vous n'êtes pas fou, vous n'êtes pas un monstre, vous avez juste une petite tendance narcissique.
Je veux vous faire essayer quelque chose, d'accord ?
Bien sûr.
Chaque soir, je veux que vous écriviez quelques phrases sur vous.
Mais faites-le à la troisième personne : « Luke Healy est... »
Soyez objectif. Qui est Luke Healy ?

Et quel est le but ?
Ça vous aidera à être plus empathique.
« Je suis une merde. Je suis narcissique. Je suis un raté. » Un peu éculé, comme refrain.
Essayez autre chose. Adoptez un point de vue externe.
Sans jugements, sans préjugés. Avec le recul, comment vous voyez-vous ?
Je trouve la démarche typiquement narcissique.

CHAPITRE 1

LUKE HEALY EST…

La vie n'est pas une compétition.
Il n'y a ni gagnants ni perdants.
Des milliers de gens font mieux que vous...
INSPIRE
Et des milliers bien pire...
EXPIRE
Statistiquement vous êtes dans la moyenne...
SEREN IT'APP
Vos écouteurs ne sont pas connectés, j'entends tout, vous savez...
Merde.

Merci pour la course.
Merci pour le pourboire.
Euuh... J'ai une question...
Ça vous arrive d'avoir la sensation que votre propre mort est imminente ?
Luke !

Salut Teddy.
Allez, entre.
Jack t'attend pour commencer son discours. T'es super en retard.
Chh, Jack.
Allez, sois sympa.
Je suis toujours sympa.
Toi, sympa ? C'est rare.
Je suis sympa avec les vraies gens.
Je fais partie des vraies gens.
FIANÇAILLES DE JACK + TEDDY
Tu es mon frère jumeau, ça ne compte pas.
SALLE A

Salut, m'man !
Une bière sans alcool, s'il vous plaît.
Ça fait froissé, non ?
Tu es superbe, maman. Merci.
J'aurais préféré ne pas avoir à m'occuper de ce foutu machin.
Quel machin ?
Rraa... Le téléphone de Teddy. Ils filment pour leurs amis qui n'ont pas pu venir.
Je suis en plein dans le champ, ils voient tous les détails...
Salut les feignants !
Luke !
Je plaisante !
Arrête. Ma robe fripée me stresse déjà assez.

DING
DING
DING
LIVE
LIVE
Jack a fière allure.
Ouaip.
LIVE
Sa famille est riche ?
Luke !
LIVE
Pardon. Il est toujours tellement bien sapé.
Il se paye ses fringues, tu sais. Il a trente ans, il travaille.
LIVE
C'est donc ça. Le vieux schéma.
LIVE

Et je n'ai qu'une envie : passer le restant de mes jours aux côtés de Teddy.
Ça t'arrive de songer à la mort qui te guette, Ben ?
Bien sûr. Je peux tirer une taffe ?
Non.
Chhhut !
Détends-toi m'man. C'est juste Jack, là.
Maintenant je vais passer le micro à mon cher fiancé, Teddy.
Voilà, c'est au tour de Teddy. Je peux te demander de la boucler, là ?
Je t'y autorise.

Ces quatre merveilleuses années ensemble...
Et comme Jack vient de demander à Mel d'être son témoin, il faut moi aussi que je me prononce...
Et merde.
Chhhhut !
Est-ce que j'ai l'air shooté aux médocs ?
Luke !

Cette personne représente énormément pour moi, plus que je ne saurais l'exprimer…
KOFF
AHEM
FRRRT
Eni, accepterais-tu d'être mon témoin ?
Mon Dieu, oui, bien sûr !
Putain de merde !
Tu me dis pas chut, là ?

Concentrez-vous sur votre potentiel.
Pensez à la personne que vous aimeriez être.
Visualisez cette personne, et prenez une large inspiration.
Inspirez, 1… 2… 3…
Sentez l'air frais et pur qui circule dans vos poumons…
KOFF KOFF

Attends, mets le filtre.
OK, ça y est, c'est fait !
POP!
LIVE
Salut tout le monde ! Merci d'être venus assister virtuellement à nos fiançailles !
Comme vous le voyez, la fête bat son plein…
Dommage que vous ne puissiez pas être là. On vous aime !
Teddy, je peux te parler une minute ?

Jack, tu nous laisses deux secondes ?
Bien sûr, chéri.
OLIVE
C'est éteint, hein ?
Ouais.
OLIVE
Qu'est-ce qu'il y a, m'man ?
POP
OLIVE
C'est bien, vous passez une bonne soirée, je suis contente, bien sûr.
OLIVE
Mais je... je suis un peu surprise. Pourquoi tu n'as pas demandé à Luke d'être ton témoin ?
OLIVE
C'est difficile de... le formuler avec tact...
Je suis ta mère. Pas besoin de prendre des pincettes.
OLIVE

M'man... Luke déconne un peu en ce moment.
Enfin, Teddy...
OLIVE
Je l'aime plus que tout, tu le sais. Mais regardons les choses en face...
OLIVE
Il se traîne plus qu'autre chose. Il s'en sort à peine. Et cette affreuse moustache...
OLIVE
Il n'a pas fait de livre depuis genre deux ans. Il n'a pas de boulot.
OLIVE
Il est célibataire, il est fragile. C'est quoi ses aspirations ? Il se conduit comme un gamin de vingt-deux ans, il est... bloqué.
Teddy, arrête !
OLIVE
Oh mon Dieu !
OLIVE

NOON
LIVE
LIVE
LIVE
POP
LIVE
Luke, je vais t'expliquer... Attends-moi...
LIVE
Luke. Luke !
LIVE

Nom : Eni Kelly
Âge : 28
Profession : médecin - hôpital Mater Dei

BOUM
BOUM
VLAM
C'était quoi ?
Il doit être rentré.
Il a l'air de mauvais poil.
Attends
CLIC
On dirait qu'il... commande plein de manuels de développement personnel en ligne.

Nom : Eni Kelly
Âge : 28
Profession : médecin - hôpital Mater Dei
5393
Marié à : Sue Kelly
Depuis le 08/03/2016
La honte. Il mate des profils à la chaîne.
Mais va te coucher, Luke. Tu te sentiras mieux.
SCROUCH !

Aaah !
Ffu...
ffu
Pauvre souris !

GRAT
GRAT
GRAT

Chères amies, nous voici réunies pour pleurer une terrible perte.
Bien qu'elle fût de métal et de plastique, elle était l'une des nôtres.
Une souris est une souris est une souris.
La colère exprimée par Luke est un appel à l'aide.
Un appel auquel nous répondrons, en mémoire de notre sœur.
Afin que son sacrifice n'ait pas été vain.

TOC
TOC
Argh.
TOC
TOC !
Va-t'en, Teddy.
Heu, je ne suis pas Teddy, j'ai un colis pour vous... Je vous le laisse sur le palier ?
... Oui, désolé, merci.

Routines gagnantes
Orin Paque
Décide-toi, Bordel !
Suzette Morris
Luna Leevy
Liberté digitale
Échappez à l'enfer des réseaux
L'amour (aujourd'hui)
Cal Mathis
ET TOI ?
ÇA VA !
Tell Torrance

N'est-ce pas une noble quête, le développement personnel ?
Ne pourrait-il pas se contenter de s'aimer et de s'accepter tel qu'il est ?
Peut-être que « tel qu'il est » signifie ni très heureux ni très épanoui.
Les livres sont-ils vraiment un passeport pour l'épanouissement et le bonheur ?
Qu'est-ce que tu proposes ?
... Simplement qu'il se détende un peu, putain !

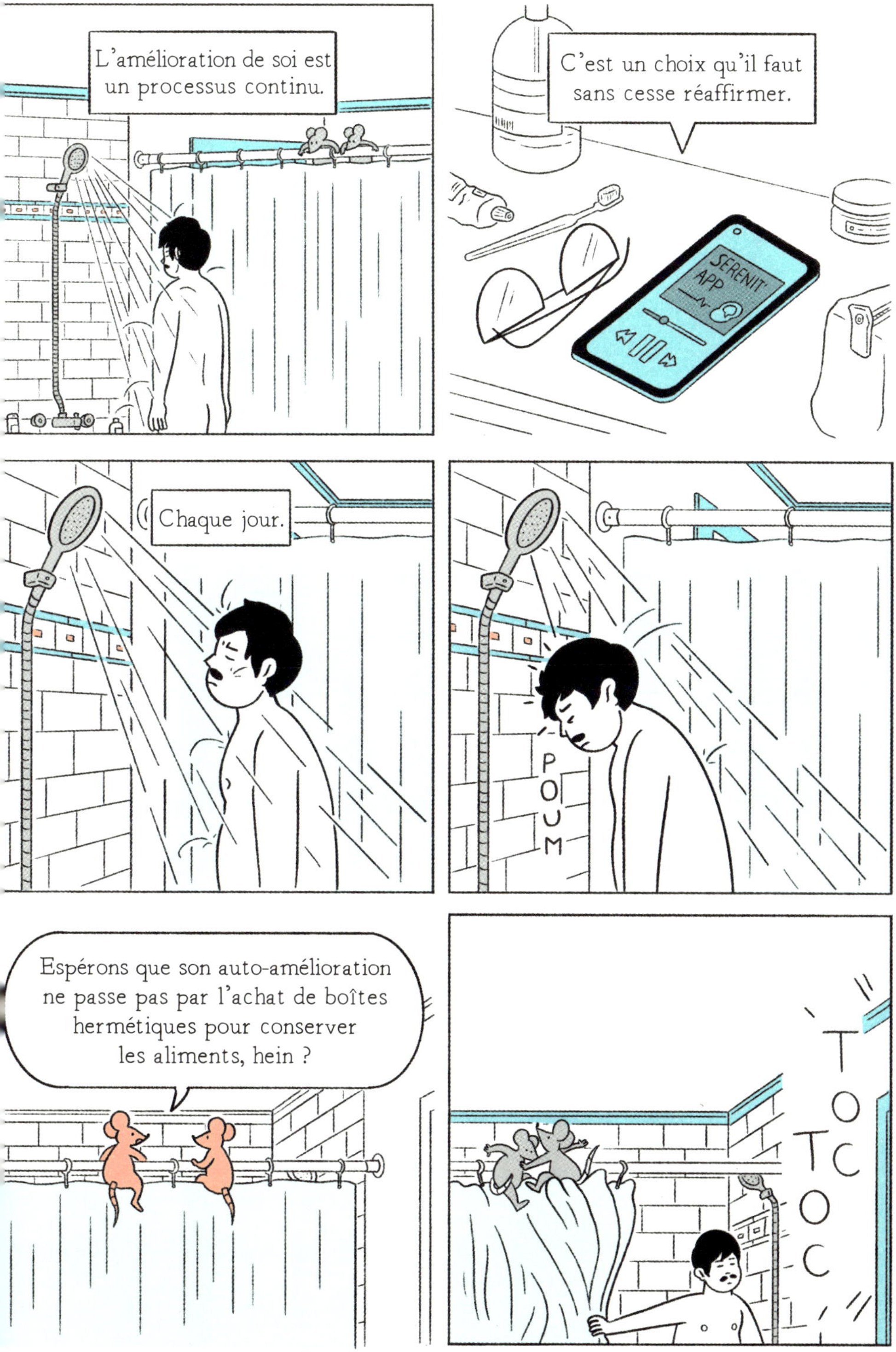
L'amélioration de soi est un processus continu.
C'est un choix qu'il faut sans cesse réaffirmer.
SERENIT' APP
Chaque jour.
POUM
Espérons que son auto-amélioration ne passe pas par l'achat de boîtes hermétiques pour conserver les aliments, hein ?
TOC TOC

Va-t'en.
Luke, s'il te plaît. Je veux te parler à propos de l'autre soir. Je veux m'excuser.
Allez, ouvre cette porte.
Je ne peux pas. Disons qu'elle est « bloquée ».

Ha ha ha, très drôle. Écoute, je ne vais pas m'en aller, Luke.
M'en fous.
Il me semble que c'est en train de mal tourner.
Non, ne fais pas tes bagages, Luke.
Il ne prend que des sous-vêtements et ses manuels de dévelop-pement personnel.
C'est une catastrophe.
Glissons-nous dans ce sac.
Je déteste cette idée.

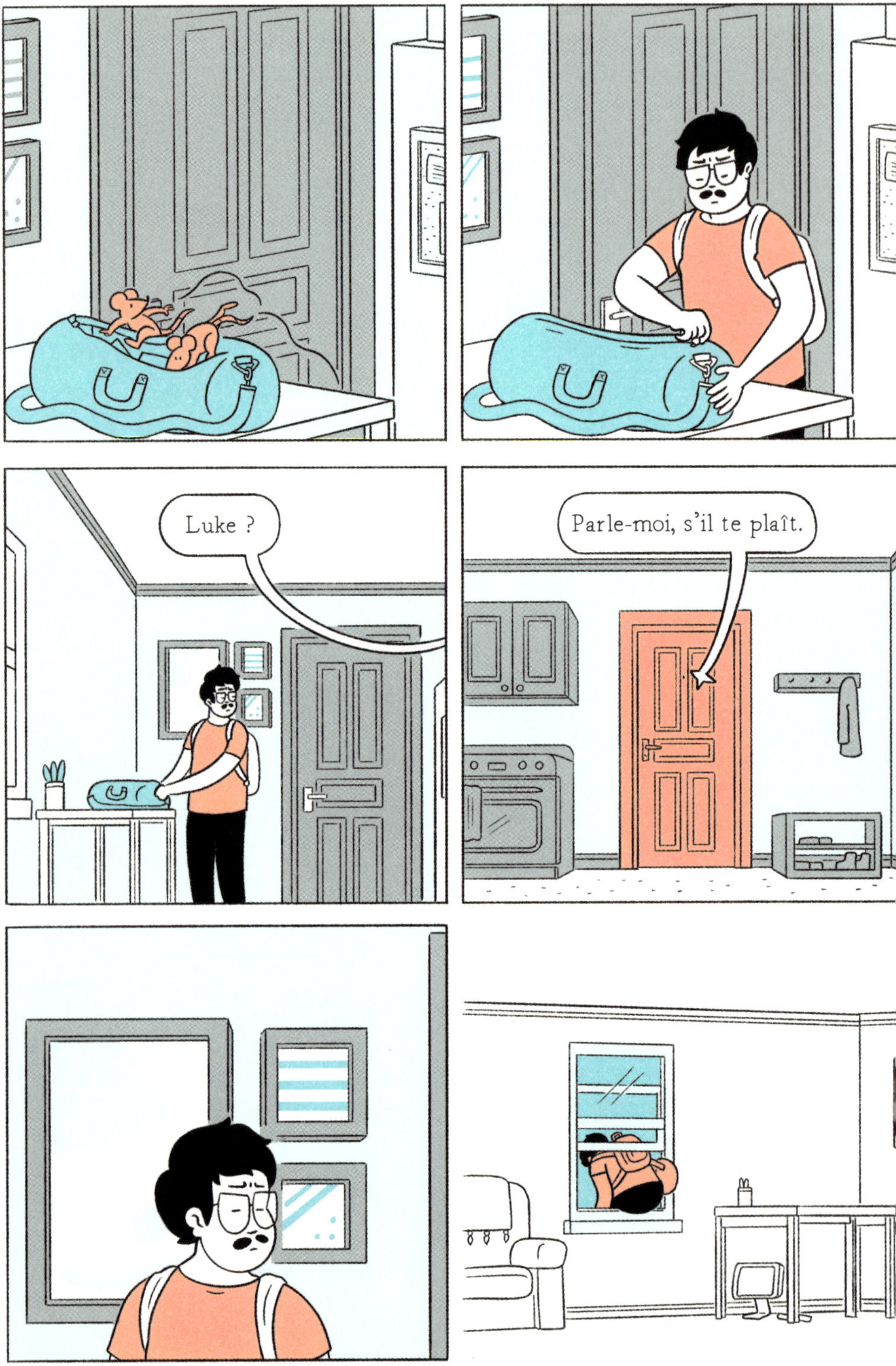
Luke ?
Parle-moi, s'il te plaît.

Je crois… qu'il est monté dans un bus.
Plutôt un train, j'ai l'impression.
Vous ne vous résumez pas à vos réussites.
Purée !
Comme les autres ne se résument pas aux leurs.
Ce truc !
Fixez-vous vos propres objectifs.
Mais est-ce que ça a seulement du sens ?
Vos réussites n'appartiennent qu'à vous.
Pas beaucoup, j'en ai peur.

Puis-je vous aider à porter vos bagages ?

Ça vous arrive d'avoir la sensation que votre propre mort est imminente ?
... Non.
Alors non.

Et combien de temps resterez-vous chez nous, M. Healy ?
Indéfiniment.
Ou jusqu'à ce que mes économies soient épuisées, j'imagine.
Oh.
D'accord. Et séjournez-vous ici pour vos loisirs ou le travail ?
TIC TIC
J'envisage de lire neuf livres de développement personnel et d'en faire la synthèse pour concocter un plan d'auto-amélioration optimal.
Je vais cocher la case « loisirs ».

Vous en mieux
Vous en mieux
Ally Lye

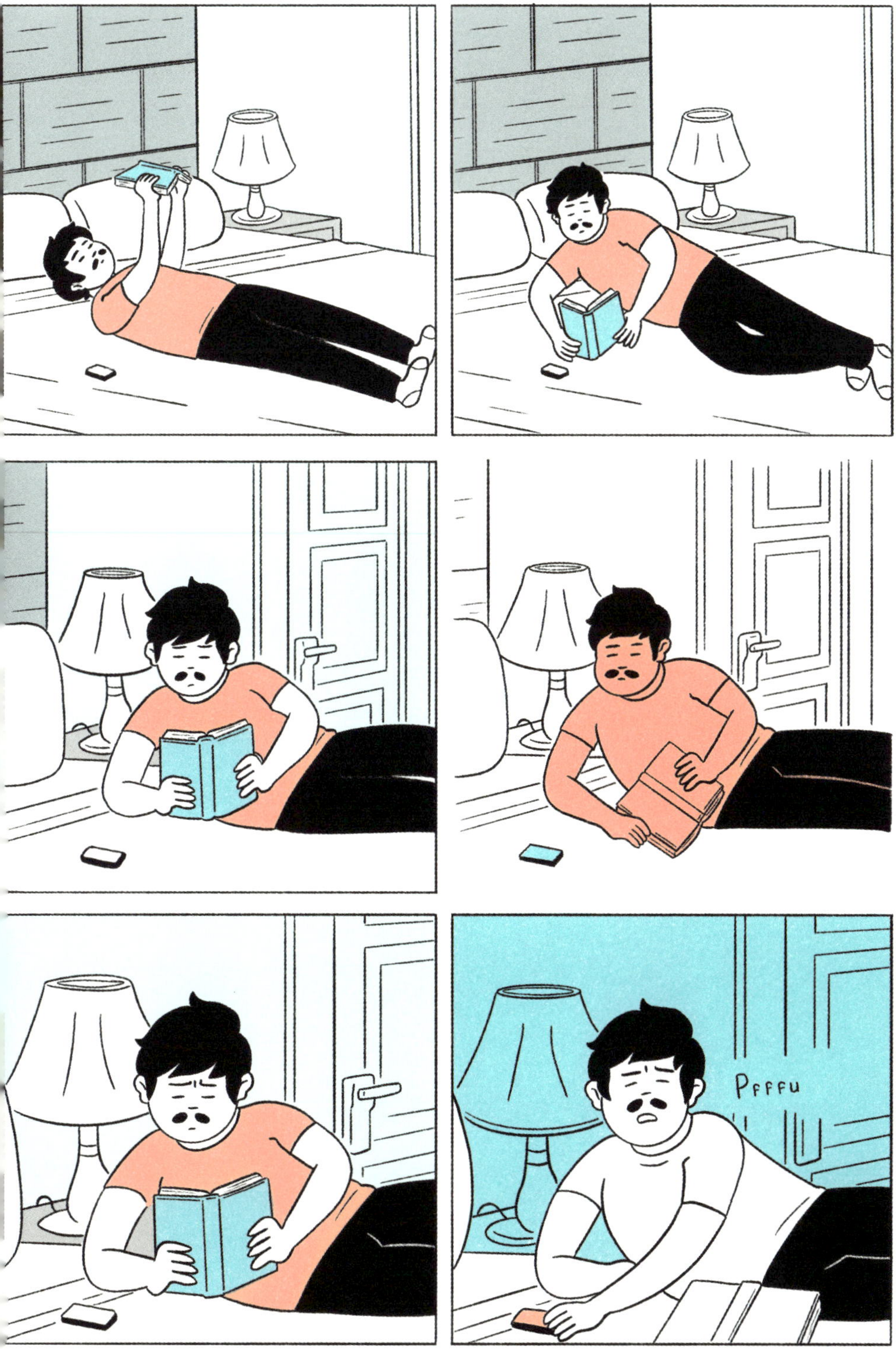
Pfffu

ENI KELLY

Exerce le métier de médecin depuis neuf ans (en comptant les années d'internat, ce que sa page Facebook semble confirmer).

Il connaît le frère de Luke depuis quatre ans. Ils se sont rencontrés chez des amis mutuels à une soirée jeux de société, activité qu'ils détestent tous les deux. Ruiner tout le monde au Monopoly les a rapprochés.

En plus de sa carrière professionnelle, Eni est passionné de tir à l'arc, il a même été classé au niveau national. Mais dernièrement, il préfère consacrer son temps libre à ses amis.

Eni est marié à une jeune femme nommée Susan Alynne. Elle est gentille, intelligente, et simple.

Eni est une personne sur qui l'on peut compter en cas d'urgence. Il paie ses factures dans les temps. Au karaoké, il chante du Johnny Cash.

LUKE HEALY

Il a été dessinateur de BD pendant une dizaine d'années et a connu un certain succès. Il n'a pas fait de livre depuis deux ans.

Il connaît Teddy depuis leur naissance. Ils se sont rencontrés 48 secondes après que Luke a été placé dans les bras de sa mère, et qu'il a décidé de tourner son regard vers la gauche.

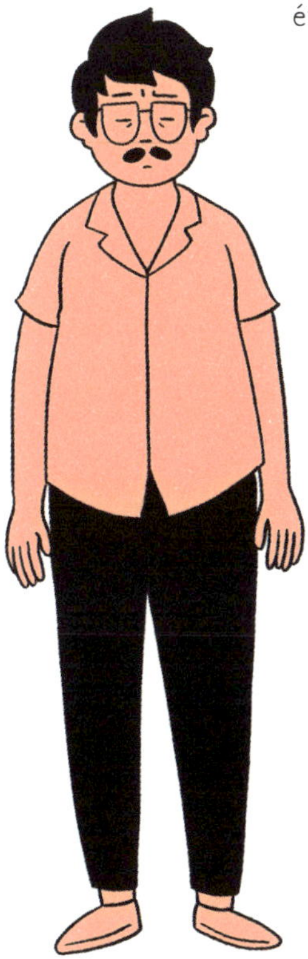

Luke a plusieurs centres d'intérêt en dehors de son travail. Il a fait du théâtre en amateur, ainsi que de la randonnée, jusqu'à ce que ces activités deviennent trop angoissantes et qu'il ne soit contraint d'arrêter. Il n'est toujours pas certain d'avoir compris pourquoi.

Luke a été célibataire durant presque toute sa vie. Il a pris conscience qu'il était gay et a perdu sa virginité avec un magicien à l'âge de vingt-six ans.

Il souffre d'anxiété.

Vous en mieux
Ally Lye
POINTS CLÉS
. être meilleur
. ???
Routines gagnantes
Orin Paque
POINTS CLÉS
. être meilleur
(et persister)

Il ressemble à un serial killer.
Et il se comporte comme un serial killer.
L'exercice est un bon remède contre le stress. Peut-être qu'on peut réussir à le faire aller nager ?
Il a besoin de contact avec d'autres êtres humains. D'interactions sociales.
... y'a du monde, dans les piscines.

Coucou maman.
Ouais, non, ça va. Je suis juste parti quelques jours.
Je sais qu'il me cherche, oui.
Je te rappelle.

Euh... Vous êtes en train d'espionner cet homme, là ?
Je sais, j'ai l'air d'un fou.
Oui
Je ne suis pas fou, je suis juste curieux.
... Tu vas probablement appeler les flics, hein ?
Oui, m'sieur.

Room service.
Merci.
Je laisse ça là.
SCRTCH
Trouvez-vous logique d'attendre le même taux de réussite d'une personne qui souffre d'une pathologie mentale que d'une personne saine mentalement ?
Ou doit-on considérer qu'une personne qui a des problèmes de santé mentale et revendique ça comme un handicap prend le prétexte de sa maladie pour ne pas faire d'efforts ?
Euuh...

Posté il y a 2 semaines
5393
SWIPE
Posté il y a 28 semaines
Posté il y a 109 semaines

OK. Il faut qu'on agisse.
C'est quoi le plan ? Natation ou socialisation ?
Pourquoi pas les deux ? Jouer sur plusieurs tableaux.

TAP TAP
RRING RRING
Bonjour M. Healy. Carole, de l'accueil.
Je vous appelle pour vous signaler que notre Grand Hôtel royal dispose d'un formidable centre de loisirs aquatiques.
Vous m'appelez juste pour me parler de la piscine de l'hôtel ? Sur mon téléphone perso, en plus ?
SCRTCH
Désolée je dois raccrocher - clic.

Les scientifiques annoncent que la fonte de la calotte glaciaire a atteint une vitesse inégalée.
Ces chiffres dépassent de loin les projections sur lesquelles était basé l'objectif de limitation de hausse de la température à 1,5°.
Un nombre croissant d'études universitaires concluent que nous avons franchi le point de non-retour.
Le gouvernement continue d'hésiter à prendre de nouvelles mesures et a voté la suspension de toute initiative politique avant la conférence mondiale sur le climat de 2026.
Parmi les autres infos du jour, le carlin Stinky est le premier chien star des réseaux à investir le grand écran.
Stinky, ma vie de carlin, le film, devrait sortir en 2025, et sera suivi de *Stinky* à *Hollywood*, dans lequel sa fameuse danse canine obtient une récompense internationale !

POINTS CLÉS
• Faire aussi bien q'une personne dont vous enviez le succès
ZZZZ

SPLICH
SPLOCH

La société impose des limites, les circonstances imposent des limites.
Nous-mêmes, nous nous imposons des limites.
Nous devons apprendre à reconnaître la nature de ces limites.
Est-ce que ces chaises sont libres ?
Hein, pardon ?
Est-ce que ces chaises sont libres ?
Bien sûr, allez-y.
Merci !
Nous sommes simplement deux personnes ordinaires qui aimons nager.

Ça vous arrive d'avoir l'impression que votre mort est proche ?
Parfois.
Parfois je n'arrive à penser à rien d'autre. Ça submerge tout le reste.
Comment ça ?
Prenez cette piscine, par exemple.

En soi, c'est une merveille de technicité.
Ah bon ?

J'ai étudié ce bâtiment quand je faisais mes études d'architecture.
Cette piscine est située au quarantième étage.
Pendant longtemps, ça a été la piscine la plus haute du monde.

Eh bien, quand je la regarde, au lieu d'une prouesse technique, ou d'un lieu de détente, je ne vois que la potentialité.

La potentialité qu'une fissure se forme, que la piscine se vide, et que nous soyons aspirés dans un tombeau liquide, terrible et froid.

Ça doit être épuisant.
Ça peut l'être.
Et alors, vous gérez comment ?
J'accepte de n'avoir aucun pouvoir là-dessus. Je m'en remets au hasard.
Pour tout. La vie, la mort, la réussite, l'échec, l'amour, la perte.

Vous avez tort.
On a toujours le choix. L'amour est un choix.
Un choix quotidien. Rien n'est inéluctable. Les choses ne sont pas inéluctables.
Je dois m'en aller.
Oui, et nous, nous devons aller nager, pour le plaisir, comme le font les êtres humains.

Serenit'App

Bonjour Teddy.
Vous avez encore oublié votre carte ?

Ah, non, désolé, je suis Luke, son frère jumeau. Il est là ?

Pour être heureux,
il faut lâcher prise...
Abandonner nos idées
préconçues... Notre égo.
Notre moi.
Maintenant inspirez, un...
deux...
TOC
TOC
Teddy, désolée de vous
interrompre. Votre frère
est là.
Enculé.
Salut, sinon.
Salut.

Je suis bien resté une heure devant ta porte avant de comprendre que t'étais parti.
Je tenais vraiment à m'excuser.
Je suis heureux que tu le fasses.
Serenit'App
Tu n'avais pas tort, tu sais.
Luke !

C'est vrai, je suis bloqué.
Mon développement est « interrompu », enfin appelle ça comme tu veux.
Je suis sûr que vous choisiriez un terme plus sympa sur l'appli.
Laquelle, Serenit' ? Ne me dis pas que t'écoutes ça. C'est de la pseudoscience.
Je prête ma voix, c'est juste un boulot. J'y crois pas à toutes ces conneries.
Je m'en doute.
J'aime entendre ta voix me dire que je pourrais être meilleur que je ne le suis.

Rraa, Luke. T'as pas besoin d'être « meilleur ».
Si si.
Je le dis parce que c'est vrai.
Je ne suis pas « parfait tel que je suis ».
Je merde complètement en ce moment. J'arrive à rien.
J'ai envie de changer ça.

Si je sors dans la rue tout à l'heure et que je me fais écraser par une météorite, ça ne dépend pas de moi.
Mais celui que je suis, à cet instant ?
Ça relève d'un choix.
Serenit'App
Un choix qu'on fait tous les jours, à tout moment. Qui on veut être.
Serenit'App
Moi je choisis d'être quelqu'un qui a envie d'être meilleur.
Tu dis vraiment des conneries.

Ha, ha, oui, sans doute.
Veux-tu être mon témoin ?
Serenit'App
Non.
Serenit'App
Mais merci pour la proposition.
Serenit'App
De rien.
Serenit'App

Intéressant, ce qui s'est passé ces derniers jours.
Très.
[redacted] de partager ce temps avec toi.
Moi aussi.
Tu es vraiment ma meilleure amie.
Ooh !
CLIC
Oh ! Il est de retour.
Qu'est-ce qu'il fait ?
J'ai l'impression... qu'il commande un extracteur de jus en ligne...
Doux Jésus.

Intermède (1)

Luke ramène un mec chez lui.

Donc, il y a le moi idéal, le moi social...
... Le moi privé et le moi intégré.
CLIC
Waouh, eh ben... Tu lis beaucoup de livres de psycho, je me trompe ?
Pas tant que ça, en vrai.
Désolé pour le bordel. Tout est en tas...
SCRTCH
Toi, tu viens de lire Marie Kondo, hein ?
Ouais.

Rappelle-moi sa méthode ?
Il faut, euh... sortir toutes tes affaires, les prendre une par une, et te demander...
« Est-ce que tel truc me procure de la joie ? »
Ha, ha, oui, c'est vrai...
Ça, c'est mes livres.
SCRTCH
Mec, t'as genre une dizaine de livres, pourquoi tu ferais le tri ?
Non, « mes livres » dans le sens, ceux que j'ai écrits.

Bon... On baise, là ?
T'écris des livres ? Trop cool !
C'était avant.
Ça ne te « procure plus de joie », c'est ça ?
Ha, ha, bon. La salle de bains, c'est par où ? Je veux faire un brin de toilette.
Cette porte, là.

CLIC

THE PEEPING TOM
HOW TO SURVIVE IN THE NORTH
AMERICANA
The Con Artists
THE EXQUISITE CORPSE
Permanent Press

Luke Healy
HOW TO SURVIVE IN THE NORTH

ff
The Con Artists
Luke Healy

THE EXQUISITE CORPSE
BY LUKE HEALY

Permanent Press
Luke Healy

THE PEEPING TOM
LUKE HEALY
LUKE HEALY
AMERICANA
OF THE MONSTROUS PICTURES OF WHALES
BY LUKE HEALY
OF THE MONSTROUS PICTURES OF WHALES
BY LUKE HEALY

CLIC
Tu voulais baiser, je crois ?
CHTOC
ZDOÏNG
ZDOÏNG

CHAPITRE 2

LUKE HEALY EST...

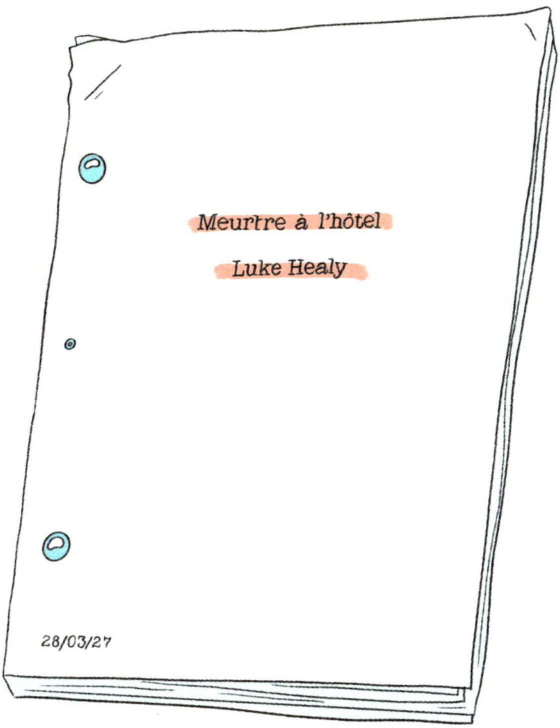

CINQ
ANS PLUS
TARD

Et donc là, il a écrit une pièce de théâtre.
Sans blague...
TAP TAP TAP
Si, si, je vous assure.
TAP TAP TAP
Purée, ça tombe dru, dehors.
TAP TAP
Oui, ma femme n'a pas arrêté de me faire des textos, elle s'inquiète. L'an dernier les inondations ont été terribles.
TAP TAP TAP
Vous, vous n'êtes pas inquiet ?
Nan.
TAP TAP
Ça va finir par passer.
J'admire votre flegme.

Vallée de la Wye
HÔTEL RÉGIONAL D'HEREFORD (59£ LA NUIT)
MARY
Merci.
Et rentrez bien, Dieu vous garde !

Je m'ennuie.
Tu te répètes, arrête.
Mais c'est vrai.
C'est vrai mais c'est chiant. Ferme-la.
Oui capitaine...
S'il vous plaît, pourriez-vous appuyer sur le bouton.
Désolé, M'dame, l'ascenseur est inaccessible, tout comme le 5e étage.
Un meurtre aussi étrange qu'atroce s'y est produit.
Agent Taylor !
Quoi, c'est vrai !
Nom de Dieu, la ferme !

TAP
TAP
TAP
FFF
FFF
TAP
TAP
TAP
FFF
FFF
TAP
TAP
TAP
TAP
TAP
TAP
TAP
TAP
FFF
TAP
TAP
TAP
TAP
TAP
FFF
FFF
Maman!
TAP
TAP
FFF
Tu as pu venir.

Où sont Teddy et Jack ?
Tu ne sais pas ?
Quoi ?
Ils sont coincés en Grèce. Les aéroports sont fermés.
Quoi ? Pourquoi ?
Un nouveau variant a été découvert. La Grèce confine.
Mince. Eh bien, merci d'avoir fait le voyage toute seule.
Enfin, mon fils a écrit une pièce de théâtre, je viens la voir.

Tu sais m'man, c'est pas vraiment une pièce, c'est juste un scénario de polar pour un week-end de cohésion de la boîte.
Tu emploies bien des circonvolutions pour parler d'une « pièce ».
Ha, ha, t'as raison.
Ils t'ont embauché pour l'écrire. Elle est montée. C'est pas rien.
À la base ils m'ont embauché pour leur préparer des PowerPoint. C'est quand ils ont vu que j'avais fait des livres qu'ils m'ont demandé d'écrire ça.
C'est bien ce que je disais, Shakespeare, c'est toi.
Toujours aussi constante dans tes encouragements.
C'est mon devoir biologique.

Nous étions en pleine répétition.
CONFERENCE B
TAP TAP TAP TA
Viens, prends un siège, tu peux regarder.
TAP TAP TAP TAP
M'sieurs dames, je vous présente Mary, ma mère.
Bonjour !
AP TAP TAP TAP
Luke, j'ai une question à propos de mon personnage.
Ffff... - Oui, Alan ?
TAP TA TAP
Est-ce pour des raisons socio-économiques ou plutôt culturelles que mon personnage méprise les autres ?
C'est juste un sale snob, Alan. C'est pas du Mamet, ce que je fais.

TAP
TAP
TAP
TAP
Pour autant que je sache, tout le monde dans cet hôtel pourrait être coupable.
TAP
TAP
TA
Que voulez-vous dire, inspecteur ?
TAP
TAP
TAP
Mon alibi est ici même, je le porte.
Votre manteau ?
TAP
TA
C'est un Chanel vintage. Qui prendrait le risque de tacher de sang un Chanel.
TAP
TAP
TAP
Je peux confirmer son alibi, inspecteur. C'est bien un Chanel vintage.

C'est... censé être drôle ?
Oui.
Ouf, Dieu merci.
Maman !
Enfin – tu as un drôle de sens de l'humour.
Tu essaies toujours de placer des blagues aux moments les plus incongrus.
C'est jamais incongru une blague.
Mon Dieu !

Tiens! Je t'ai pris un café.
Merci.
Vois ça comme une main tendue.
Je n'aurais pas dû me fâcher tout à l'heure. Je suis désolé.
J'apprécie cette preuve de maturité capitaine.
DING
Oh, mince!
Hé, qu'est-ce...
J'ai oublié de condamner les accès aux étages supérieurs.
Vous êtes nul.

Désolé pour ce retard, messieurs-dames. La répétition s'est éternisée.
TAP TAP TAP
Ce n'est pas grave, Luke.
Les plats arrivent seulement, joignez-vous à nous.
Je vous présente Mary, ma mère.
Maman, je te présente mes chefs, John, Lola...
Oups !
Attention. C'est du Gucci.
Oui, attention.
Je suis affreusement désolé, je vous apporte une serviette chaude.
TAP TAP

Alors, Mary, que faites-vous dans la vie ?
J'étais enseignante, mais je suis à la retraite, donc...
Bouh, je détestais l'école.
TAP TAP TAP
Je n'attendais qu'une chose, arrêter les études et faire du pognon !
HA HA
Moi j'aimais bien.
Je parie qu'au fond de vous, vous détestiez ça.
TAP TAP TAP TAP TAP
Ce que tu n'aimais pas, c'était les réunions parents-profs.
Peut-être.
TAP TAP TAP
Vous voyez ! J'ai de l'intuition pour ce genre de choses.

TAP TAP TAP TAP
Je suis le médium de la vallée de la Wye!
HA HA HA HA HA HA
TAP TA
Luke ?
Hmm ?
HA HA
Tu te comportes bizarrement.
Non, pas du tout.
Tu ris
Ces gens ne sont pas drôles.
Et alors ?
Je suis poli.
C'est pas ton genre d'être poli.
Si, je suis toujours poli!

TAP TAP
Et le singe, c'était son oncle !
TAP TAP TAP TAP TAP
HA HA HA
TAP TAP TAP TAP TAP
KCH
TAP TAP
Saluuut !
Saluuut !
TAP
Hé, quelqu'un aurait un sèche-cheveux ?!
HA HA HA HA
HA HA
HA
TAP
On dirait que ça mouille un chouille.
Ha, ha, arrête, Johnny, stop !
HA HA

Comment ça se fait que tu sois si en retard ? T'essaies pas de nous éviter par hasard ?
Les routes sont sacrément inondées dans le secteur. Il pleut des seaux ! Des bassines, même !
HA
HA
TAP
Vous avez de la chance d'avoir réussi à passer.
TAP
Il paraît que ça va durer cinq jours. Possible qu'on se retrouve tous coincés.
C'est possible, ça ?
C'est déjà arrivé.
Si les patrons de la méteo lancent une alerte rouge, on sera confinés.
Bande de fachos !

HA
HA HA
Donc vous me punissez par votre silence ?
Le silence est une violence, capitaine.
Dieu du ciel !

Arrête.
Arrête quoi ?
Arrête de me juger.
Ils ne sont PAS drôles !
Évidemment qu'ils ne sont pas drôles !
Mais la comparaison est cruelle. Toi et moi, on est quand même les personnes les plus drôles de toute la terre.
Oh, arrête.

TAP TAP TAP TAP TA TAP
CRAC
BOU
Qu'est-ce que ça tombe dru dehors.
Hmm ?
La pluie.
Ah, ça. Oui.

TAP TAP TAP TAP
Pourquoi avoir mis le corps dans une telle position ?
Ça fait international. Comme si ça envoyait un message.
Peut-être qu'on pou...
AAT CHOU
TAP TAP TAP TAP TAP
Pardon, Luke.
TAP TAP
BOUM
TAP TAP TAP
Heu, OK, coupez.

Merci à tous d'être venus.
Le groupe électrogène devrait bientôt se mettre en marche.
D'ici là, nous allons distribuer des lampes torches.
Moussa.
- Soupir - OK, ça vient de tomber. Toute la vallée est confinée à cause de la pluie.

Nos provisions sont suffisantes, donc s'il vous plaît, pas de panique.
Installez-vous tranquillement, passez un agréable séjour, nous sommes à votre disposition en cas de besoin.
La représentation est annulée, je suppose.
Pourquoi ?
L'équipe ne va pas pouvoir nous rejoindre pour la réunion de demain.
On s'en fout ! On est là, nous.
Moi je dis, faut aller de l'avant. Prenons-le comme un galop d'essai.

TAP TAP TAP TAP TAP
Vous avez toujours été inspecteur, M. Smith ?
TAP TAP TAP TAP TAP
J'ai été facteur dans une autre vie.
Seigneur, je parie que vous détestiez ça.
TAP TAP TAP TAP TAP
C'est un métier comme un autre.
Mais toute cette marche.
TAP TAP TAP TAP
Ça me donnait un but.
Nan.
TAP TAP
J'ai de l'intuition pour ce genre de choses.
TAP TAP TAP TAP TAP
Je pense que c'est vous qui êtes l'assassin, M. Cavendish.

TAP TAP TAP TAP TAP TAP
TAP TAP TAP TAP TAP
TAP TAP TAP TAP TAP TAP TAP TAP
CONFERENCE B
Oh, excusez-moi, je peux vous poser une question ?
Ces personnages, dans la pièce... Est-ce qu'on vous a demandé d'imiter les cadres de la boîte dans votre jeu ?
Je ne sais pas. Je ne travaille pas pour KodaTech. Tous les acteurs ont été recrutés pour l'occasion.

TAP TAP TAP
Enfin, Luke est très impliqué, on dirait.
TAP TAP
Un peu trop, pour tout dire. En fait il est complètement maniaque.
TAP TAP TAP TAP
S'il pouvait, il nous montrerait comment jouer la moindre réplique.
Ce n'est pas normal ?
TAP TAP TAP
Non, un pro ne fait pas ça. On voit que c'est un amateur.
Bon, j'allais aux toilettes, moi.
TAP TAP TAP
TAP
Oh... Désolée, je vous laisse aller faire pipi.

Il faut que tu annules la pièce.
Quoi ?
Je suis désolée, Luke, mais je me dois de te le dire.
Mais de quoi tu parles ?
Si cette pièce est jouée, ce sera une humiliation complète pour toi, et tu te feras probablement virer.
C'est quand même pas si mauvais !
BOUM

C'est pas que ce soit mauvais... Mais c'est pas bon non plus...
Attends!
Luke, tous les personnages sont des caricatures à peine voilées de tes chefs.
Et pas très flatteuses, je dois dire.
Mais c'est pas vrai du tout.
Et cet inspecteur prétentieux, qui doit se taper leurs conneries... Luke.
C'est un ressort classique de la comédie. Tu projettes quelque chose qui n'existe pas.

Tu ne vois vraiment pas le problème ?
Il n'y a pas de problème.
Tu te rappelles quand tu étais étudiant et que tu avais fait cette BD sur une croisière d'observation des baleines ?
Oh Seigneur, encore ce truc.
Les personnages principaux étaient cette mère et deux sœurs.
Maman !
Tu m'assurais qu'il n'y avait aucun lien avec toi, moi et Teddy.
Tu ne vas pas remettre ça sur le tapis.

Enfin, c'était nous, Luke. C'est l'évidence même.
Je ne sais pas comment t'expliquer le concept de fiction plus clairement que je ne l'ai déjà fait.
Ne me prends pas pour une idiote, j'essaie de t'aider.
Tu me ressors un argument tordu qui date d'il y a quinze ans.
Si cette pièce est jouée ce soir, tu seras viré.
Salut m'man. Merci de ta contribution.

C'est pas facile, cette mission, vous savez.
Je vous en prie, parlez-moi.
... OK. Mais c'est seulement parce que je m'emmerde vraiment.
J'accepte ces excuses.
Dans quel monde parallèle je viendrais de m'excuser ?

TAP TAP TAP
TAP TAP
TAP
TAP
TAP
TA
FLOUCH

TAP TAP TAP TAP TAP
Vous avez toujours été inspecteur, M. Smith ?
TAP TAP
J'ai été facteur dans une autre vie.
Seigneur, je parie que vous détestiez ça.
TAP TAP
C'est un métier comme un autre.
Mais toute cette marche.
TAP TAP
Ça me donnait un but.
Nan.
Comme ça, OK, Tim ?
TAP TAP
Merci Luke, je vois maintenant.
OK, on reprend cette scène.

TAP TAP TAP TAP TAP
Ça me donnait un but.
Nan.
TAP-TAP-TAP-TAP TAP
J'ai de l'intuition pour ce genre de choses.
TAP-TAP-TAP-TAP TAP
J'ai beaucoup d'intuition, et je suis maligne.
TAP-TAP-TAP-TAP TAP
Suffisamment maligne pour faire votre travail, inspecteur.
TAP-TAP-TAP-TAP TAP

TAP
TAP
TAP
TAP
TAP
TAP
TAP
Ça tombe dru dehors, hein ?
Pour sûr. Enfin l'hôtel n'est pas le pire endroit pour être confiné, après tout.
J'admire votre optimisme.

TAP TAP TAP TAP TAP TAP
Comment ça « des changements » ?
Regardez.
TAP TAP TAP
Luke, on n'a pas le temps d'apprendre un nouveau texte.
La représentation débute dans une heure.
Je sais, c'est que... Cette version est vraiment mieux, croyez-moi.
TAP TAP TAP TAP TA TAP
TAP TAP TAP TAP
Je n'arrive pas à lire votre écriture.
TOC TOC
Ça dérange si on vient jeter un œil ?

TAP
TAP
Pour avoir un petit avant-goût ?
TAP
TAP
Non !
Non ! Non, non, non, ça gâcherait tout !
Ah, les artistes !
HA
TAP
Je vous assure que si vous mettiez autant d'ardeur à vos tâches habituelles, vous seriez vite bombardé PDG.
TAP
TAP TAP
S'il vous plaît... Partez ?
TAP
OK, OK. On va respecter la procédure.
TAP
TAP

TAP TAP TAP!! TAP
Bon, Alan, on supprime votre personnage !
TAP TAP TAP!! TAP
Mais je suis l'assassin, ça n'a plus aucun sens sans moi.
TAP TAP TAP!! TAP
OK, d'accord. Mais alors il ne dit plus rien. C'est un assassin muet.
Enfin, pour tuer la victime, il l'effraie en hurlant le nom de la mère qui l'a abandonné.
Je suis un écrivain effroyable !
Luke, calmez-vous.
Non !

Lola, il faut annuler la représentation.
Encore lui.
Non, sérieux. Je viens de prendre conscience que la pièce est, euh... sexiste.
Alors, on se dégonfle ?
Lola, on annule !
Luke, on maintient. À... dans trois quarts d'heure.
Si je tire sur l'alarme incendie, est-ce que l'hôtel sera évacué ?
Pas durant un épisode pluvieux.

TAP TAP TAP TAP TA
TAP TAP TAP TAP
C'est absolument délicieux.
TAP TAP TAP TAP TAP TAP TAP TAP
M'man.
Luke, il faut que tu goûtes ça.
Il faut qu'on se tire.
Quoi ?
Tu avais raison, d'accord ?
TAP TAP TAP
Il faut qu'on se tire, tout de suite.

S'il te plaît, du calme. L'hôtel est confiné.
2e
Je m'en fous. Être arrêté serait moins humiliant que ce qui est sur le point de se produire dans cet hôtel.
Regarde, j'ai déjà mis tes affaires dans la bagnole.
Luke.
Maman, s'il te plaît.
... D'accord.
Mais conduis doucement. Peu importe que tu te sentes humilié.

TAP TAP TAP TAP TAP
TAP TAP TAP TAP TAP
C'est toi qui m'as demandé de faire ça.
TAP TAP TAP TAP TAP TAP TAP TAP
Quoi ?
TAP
Sympa de faire comme si ce n'était pas toi qui me l'avais demandé.
TAP TAP

TAP TAP TAP TAP TAP TAP
Stop!
Les routes qui traversent le village sont fermées.
La rivière va sortir de son lit. C'est dangereux.
TAP
Hé!

Bon Dieu, Luke. Tu commences à me faire peur.
TAP
Pas de raison, désolé.
TAP
TAP TAP
Je vais juste... te paraître effrayant pendant quelques minutes.
TAP TAP
On va rejoindre l'autoroute et se trouver un hôtel vite fait, OK ?
TAP TAP
Mais putain arrête-toi !
TAP
TAP TAP TAP
SCRIII

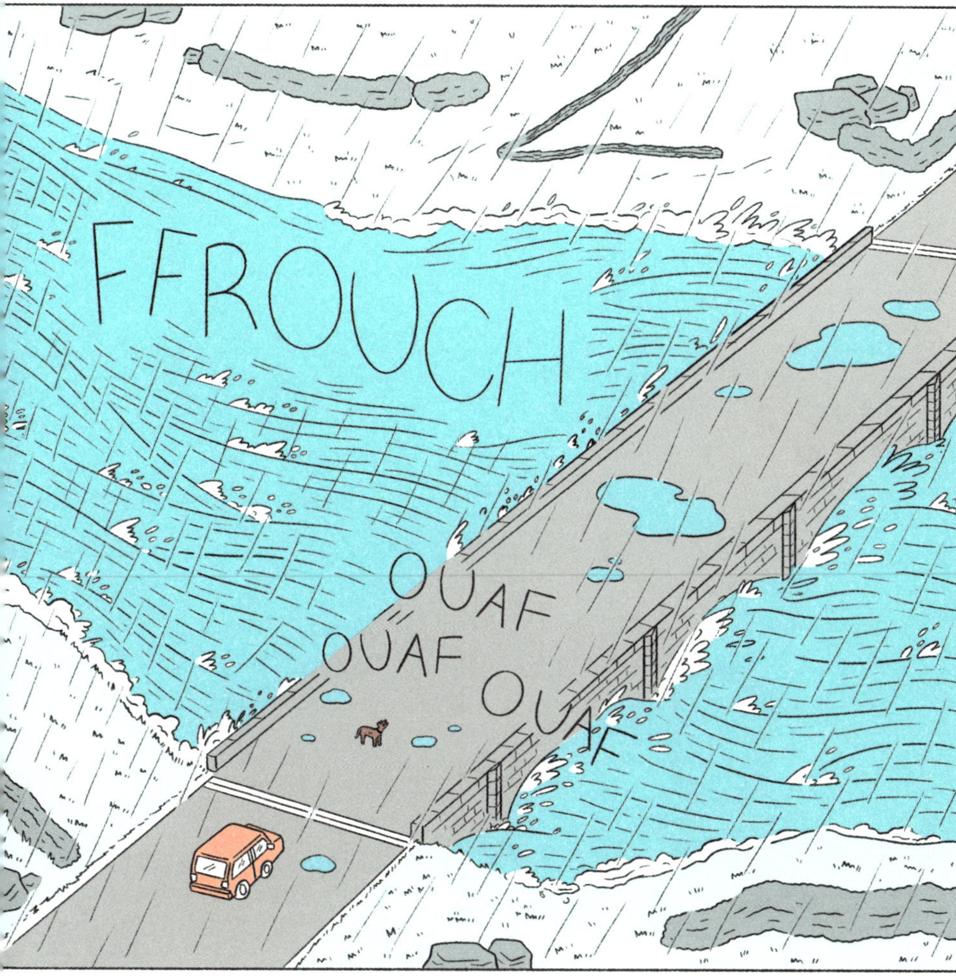
FFROUCH
OUAF
OUAF
OUAF

TAP
TAP
TAP
Oh, Seigneur, la rivière est en furie.

TAP
TAP
TAP
TA
Luke. On fait demi-tour. Tout de suite.

OUAF
OUAF
OUAF
OUAF
TAP
OUAF
TAP
TAP
CROUCH
Qu'est-ce que tu fous ? Ne t'approche pas d'un pouce de ce pont.
OUAF
TAP
OUAF
TAP
TAP TAP
TAP
OUAF
TAP

OUAF
Je suis tellement gêné.
TAP
Oui, il y a de quoi.
OUAF
TAP
C'est incroyable que je ne me sois rendu compte de rien.
OUAF
TAP
TAP
TAP
TAP
C'est moche, oui.
OUAF
TAP
TAP
TAP
TAP
OUAF
TAP
TAP
TAP

TAP
Pardon.
OUAF
TAP
TAP
Je suis désolé.
TAP
TAP
OUAF
C'est bon. C'est terrifiant, mais c'est bon.
OUAF
TAP
Je devrais aller sauver ce chien.
OUAF
TAP
TAP
OUAF
OUAF
OUAF
OUAF

OUAF

Putain de Dieu.
On rentre.
On rentre.
On rentre.
Nous rentrons.
Nous rentrons.

BRR
Oh, mon Dieu !
Le pont de Main Street a été emporté.
Quoi ?! Non !
Pourquoi ces acteurs partent-ils en courant ?
Maman, ce sont de vrais policiers.

Bizarres, pour des policiers.
Je ne veux pas être présent quand la pièce commencera.
Allons dans notre chambre.
J'ai rendu les clés quand on est partis.
Tous les espaces communs de l'hôtel vont être envahis par les comédiens, qui interpréteront mes inepties.
Ces conneries de fictions interactives débiles. Je fais un escape game et je crois avoir tout compris.
Je sais où on pourra être tranquilles.

M'man.
Scritch!
C'est une scène de crime!
Tu as failli nous noyer pour fuir cette représentation.
Bien vu.
Scrt
Viens.

C'est vraiment atroce et bizarre.
Tu m'étonnes.

Je ne vois pas de quoi vous parlez, inspecteur.
Mon alibi est ici même, je le porte.
Votre manteau ?
C'est un Chanel vintage.
Qui prendrait le risque de tacher de sang un Chanel.
Je peux confirmer son alibi, inspecteur. C'est bien un Chanel vintage.
Contentez-vous de l'ignorer, il est encore un chouille trop vert.

Je vais me faire virer.
C'est probable.
Mais est-ce que tu aimais vraiment ce boulot ? Préparer des PowerPoint ?
Ça payait mon loyer.
C'était facile de jouer le jeu.
Je savais comment me comporter.

Tu te conduisais comme un lèche-bottes.
Ça leur plaisait. On s'en fout !
Tu n'es pas un lèche-bottes. À la limite, brosser dans le sens du poil, OK, mais lécher les bottes, ça, non.
Jamais de toute ma vie je ne t'avais entendue prononcer ces mots, « lèche-bottes ».
Bref, oui, je cajolais leur égo. Et pourquoi je serais pas un béni-oui-oui ? C'est plus simple.
Je peux être ce que je veux.
Oh, s'il te plaît.
Je croyais que les parents étaient censés dire : « Tu peux faire tout ce que tu veux pourvu que tu le décides ».
Bah, c'est de la foutaise.

Tu es resté le même depuis tout bébé.
Enfin, il y a bien longtemps que je n'ai pas chié dans une couche.
Luke.
Je veux dire : tu as toujours été indépendant. Toujours. Et un sacré menteur.
Certainement pas un lèche-bottes.
Les gens changent.
Pas toi, et pas moi. Pourquoi on changerait ?
On est les personnes les plus drôles de la terre, je te rappelle.

Je t'aime, m'man.

Il semblerait.

FLOUCH
Madame, veuillez suivre l'agent Smyth.
Ça ne m'enchante pas, mais d'accord.
GNNIIII
GNNIII
OUAF

Intermède (2)

Luke s'entretient en visio
avec ses anciens agents.

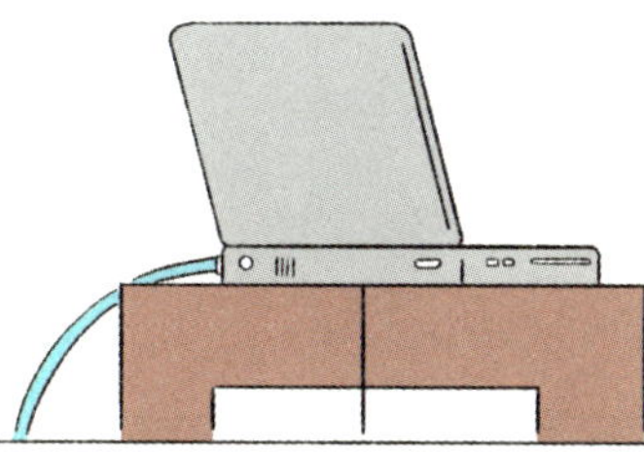

Luuuuke ! Ça fait un bail !
Salut, Jo, salut Annie.
Vous m'entendez ?
Écoute, mon ange. On ne va pas abuser de ton temps.
C'est bon, je n'ai pas grand-chose à faire cet aprèm.

Voilà, on t'appelle parce que Big Picture veut prolonger l'option sur ton merveilleux livre.
Est-ce que quelqu'un m'entend ?
Encore ? Ça va faire douze ans qu'on fait des avenants...
Il ne se fera jamais, ce film. Pourquoi s'emmerder ?
Les adaptations de BD ont le vent en poupe, mon cher. Tu as vu *L'Homme-Fourmi* ? Hyper marrant.
Mon micro est foutu ? Putaaain.

Écoute mon chou, c'est cinq cents livres qui vont te tomber tout cuit dans le bec. Pas de raison de se braquer.
Hé ho ? C'est quoi ce bruit, là ?
BIIIP
Oui, c'est sûr. T'as raison.
Au fait, tu nous mitonnes un nouveau bouquin quelque part dans ta petite tête ?
Euh, non. J'ai lâché l'affaire. Par contre je suis au chômage depuis peu...
Suuuper, chéri. Sinon, dans tes anciens livres ? J'ai un producteur qui me tanne pour trouver des BD à adapter.

Tu verrais quelque chose qu'on n'aurait pas pris ?
Je sais pas, Jo...
Allô ? Allô ?
TAP
TAP
TAP
Allô ? Ça marche maintenant ?
Je pourrais chercher du côté de mes vieux trucs de la fac.

Mais ce seraient des trucs autopubliés, genre zine.
Y'en a un qui parle de baleines... Bon, en fait ça parle de moi, ma mère et mon frère...
Balance, mon grand. Balance ce que t'as.
Allô ?
Salut Annie. Écoute, ça s'est bien passé, mais faut que j'y aille. On se parle vite !
Et flûte !

Allez, salut !
SCRTCH

CHAPITRE 3

LUKE HEALY EST...

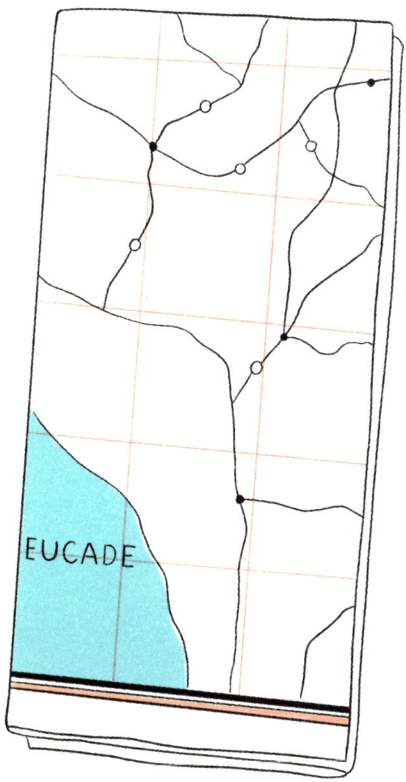

CINQ ANS PLUS TARD

Joanie, quand le pont de Leucade a-t-il été emporté ?
: cherche :
Scrt
Désolée, je ne trouve pas de résultats pertinents pour votre question. Je vous propose ce bref message publicitaire concern...
Euh, non, stop.

Waouh, regarde ce gros naze avec sa carte en papier.
Ça date de quand, ce genre de truc ?
D'il y a trop longtemps pour être utile.
Salut les piafs.
Je te parie que je peux le convaincre de me filer tout son repas.
Pfff, tu rêves.

Excusez-moi.
Oui ?
Je me présente, je m'appelle Beth. Quelqu'un du ferry m'a dit que vous cherchiez des infos sur les randos au mont Leucade.
Oui, j'ai l'intention d'aller jusqu'au sommet, pourquoi ?
Je dois rejoindre un site de fouilles presque au bout du GR. Je me disais qu'on pourrait se tenir compagnie.
En plus, j'ai un GPS...

Tu as... pris ton propre coussin pour le ferry ?
Quoi ? Oh, ça ? C'est un coussin connecté.
Il indique à mon employeur combien de temps je reste assis à mon bureau.
Je télétravaille.
TUG
C'est horrible. Et pourquoi tu es assis dessus en ce moment ?
Je fais semblant de bosser alors que je suis en vacances.
Tu gruges, chouette !

On va où maintenant, p'pa ?
En ville. On va essayer de se choper deux trois poissons de la pêche de ce matin.
Pouah, du poisson.
Ce que tu es difficile.
Je préfère la bouffe industrielle.
Je t'ai déjà parlé du temps où on trouvait ce genre de bouffe partout ?
Tous les jours, p'pa.

TCHAC
Tu l'attaches à tes fesses ?
J'ai besoin que mon chef pense que je suis à mon bureau.
Je cautionne un système d'exploitation mutuelle.
Ce centre d'appel m'a pris beaucoup.
Par exemple ?
La joie, la plénitude, mon intégrité.
Ah, quand même.

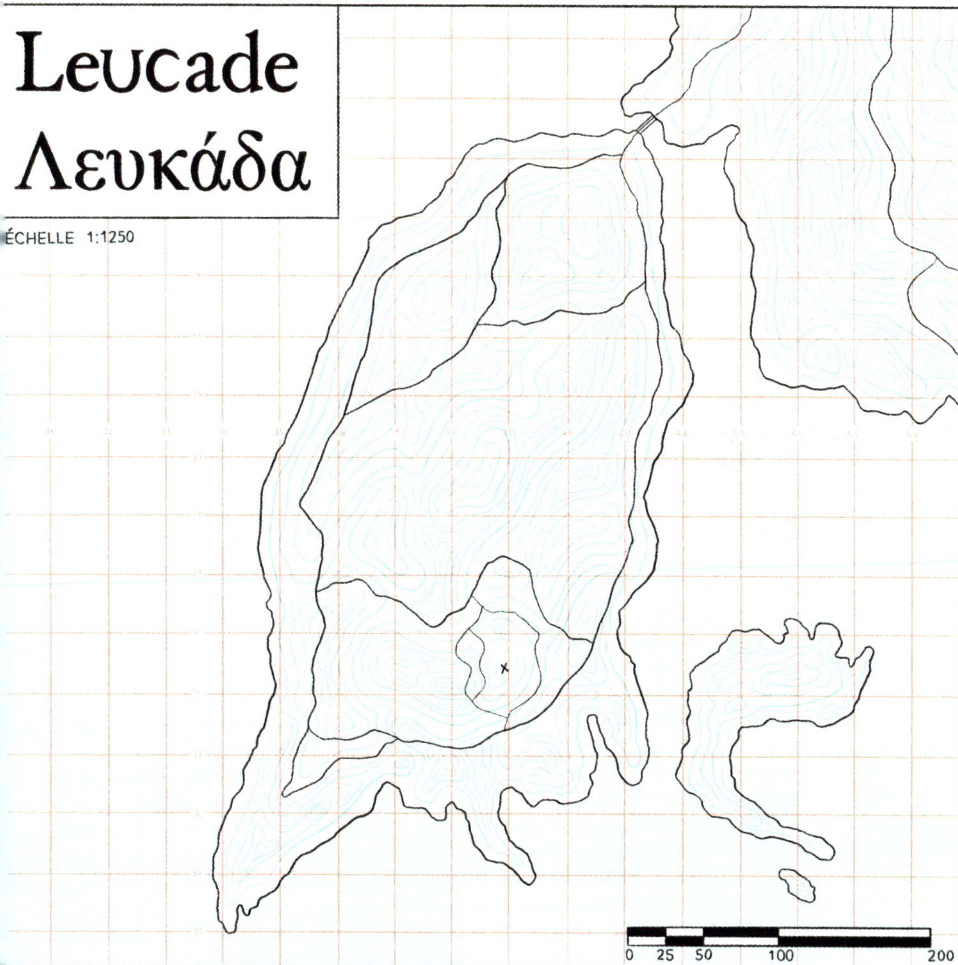
Leucade
Λευκάδα
ÉCHELLE 1:1250
0 25 50 100 200

Imagine ce con de touriste multiplié par mille.
Je sais, p'pa.
Par mille.

L'horaire dit que le bus sera là dans cinq minutes, Suzanne, détends-toi !
Par pitié, ne sois pas condes-cendant avec moi, Derek.
Suzanne.
C'est bon. J'y vais à pied.
Suzanne !
Oh, Luke, promets-moi qu'on ne va pas finir comme eux.
Je ne pense pas que cette randonnée nous prenne dix ans.

YOU ARE SMART
YOU ARE GOOD
YOU ARE GOOD
YOU ARE KIND
PASS 2182
HEX #F2122
DING
Humm
clic clic
821
M. Rackham, jetez un œil à cela, je vous prie.
RING
RING

Merde, c'est le boulot.
RING RING
Tiens, lève le téléphone.
Lever le téléphone ?
RING RING
Ils ne croiront jamais que je suis à mon bureau si je suis en mode selfie.
SHF SH
Ils ne croiront jamais que t'es à ton bureau parce que t'es dans les montagnes grecques.
RING RING
Faut rendre le truc crédible. J'étais un romancier à succès avant, tu sais.
RING
Enfin, à succès... critique. Quelques critiques me suivaient, mais financièrement...
Luke, le téléphone.
RING RING

Bonjour M. Rackham, que puis-je faire pour vous ?
Healy... Vous êtes dans les montagnes grecques ?
Bien sûr que non, c'est un fond d'écran.
Tenez, regardez.
Là, je suis sur la lune. Marrant, non ?
Quel sens de l'humour... Écoutez, le GPS de votre coussin déconne. On va réparer ça.

Votre rythme cardiaque est également très élevé.
Après ce qui est arrivé le mois dernier, si vous avez besoin d'un congé…
Un congé… payé ?
Non.
Alors non. Je vais faire un peu de méditation. Inspirez, expirez, et cetera.
Très bien.
Bonne journée.
Gros sac à merde.

Je suis désolée pour mon comportement à l'arrêt de bus.
C'est bon. Je suis désolé pour mon comportement à l'aéroport.
Regarde, je vais leur faire du charme.
Ah, beurk! Les répugnants volatiles!
Barrez-vous!
Quel charme, p'pa.

Je vais pouvoir terminer ma thèse sur ce champ de fouilles.
Je vois.
Ce sont les inondations qui ont mis au jour le site. Il date de la fin du XVᵉ. Mais il faut l'explorer vite si on veut éviter qu'une nouvelle inondation ne le dégrade.
Enfin, vite, en archéologie, ça veut dire au moins six mois.
Oh.
Moi ça me va. J'aime la cuisine grecque, donc c'est un plaisir de séjourner ici. Est-ce que je parle trop ?
Non.
Tant mieux. Et toi, qu'est-ce qui t'amène à Leucade ?
Euh, si on continuait plutôt à parler de toi.

Allez, vas-y.
... OK.
Je suis en vacances, si on peut dire. Mon frère Teddy a vécu ici plusieurs années.
Il parlait toujours de la beauté des paysages, et de la ville.
Je ne lui ai jamais rendu visite et il est rentré à Londres. Je me sentais un peu idiot de ne pas l'avoir fait.
Donc, je le fais aujourd'hui.
Et où est Teddy en ce moment ?
Il est... là, en quelque sorte.
TAP
TAP

À ce propos, Mme Johanssen, avez-vous déjà envisagé de prendre une assurance-vie ?
Je... hmff... vous assure, les taux pratiqués par Kodalife sont très... hmff... raisonnables.
Nous... hmff... proposons des plans... hmff... évolutifs.
Hmff... Non, je ne suis pas « en train de courir un marathon » à l'heure où je vous parle, Mme Johanssen.
FFF
... Je suis en randonnée.
Mme Johanssen ?

Merde.
T'as raté la vente ?
Ouais.
PLOF
Mec, démissionne.
Ne te vexe pas, Beth, mais quand tu auras ta thèse d'archéo en poche, tu comprendras vite ma philosophie du « je prends n'importe quoi pourvu que ça paye ».
Qu'est-ce que t'as étudié, toi ?
La BD.
Ça semblait judicieux à l'époque.

Et ça parlait de quoi, tes bouquins ?
De choses et d'autres.
SHF
D'explorateurs polaires, d'escrocs, de marche aussi.
Ça a l'air chouette.
Ça l'était.
Mais après le Covid, la crise, les problèmes dans les chaînes d'approvisionnement, la pénurie de papier…
C'est juste devenu trop chiant. Et ça paye trop peu.
C'était plus chiant que le centre d'appel ?
C'est triste à dire, mais oui.

On devrait leur chier sur la tête.
Ils souffrent déjà assez.
Ils sont assis au soleil en train de se remplir la panse.
Ils sont enfermés dans une relation qui ne permet ni à l'un ni à l'autre d'exprimer son être véritable.
Pff, p'pa. Arrête.
Je vais aller piquer de la bouffe dans un magasin discount.
Hé, attends-moi !

Oui, l'idée me semble excellente.
Donc vous partez sur notre plan Privilège+ ?
Excellent choix, Mme Mahler. Je vous envoie le dossier immédiatement.
821
Hmm.
CLIC
CLIC
CLIC
CLIC

Au fait, Susan, vous avez eu le temps de vous occuper de cette histoire de coussin GPS défectueux ?
Pour être honnête, j'ai tellement de bilans à faire en ce moment, je risque de pas pouvoir m'y mettre avant des semaines.
C'est que ça complique un peu mon rôle de surveillance des employés.
Ouin ouin.
Quelle impolitesse !
Ouais, je suis très impolie.

C'est quoi ce que t'écoutes ?

Heein ?
Désolée, j'arrive pas à dormir. C'est quoi ce que t'écoutes ?
Oh, hum.
BIIP
Comme tout le monde, vous faites du mieux que vous pouvez.
Vous serez peut-être capable de faire plus à un autre moment de votre vie.
Mais pour le moment, vous donnez tout ce que vous avez.
C'est Teddy ?

Oui
Faites ce que vous pouvez.
Quand vous le pouvez.
Il a la même voix que toi.
Oui, on était jumeaux.
Ne demandez pas plus que ça à vous-même.
Il est mort la semaine dernière.
N'en réclamez pas plus.
De quoi ?
Cancer du poumon.

Mince, Luke, je suis désolée.
Ça va.
SCRTCH
Je crois que ses funé-railles ont lieu en ce moment même.
Mais c'est toi qui as les cendres.
Oui. Je les ai volées.
Mes parents sont en train de disperser un sachet de farine et de sable.
Waouh.

Comme vous le voyez, monsieur, tout est en dehors des clous : la localisation, le rythme cardiaque de Healy, sa température.
Il serait quoi, malade ? On devrait le virer avant qu'il ne réclame des indemnités ?
Non, monsieur. Ce que j'essaie de dire, c'est que je pense qu'il y a un problème avec le coussin connecté.
Mais ils sont recommandés par le magazine *Forbes* !
Soit il y a un problème, soit Healy est vraiment en train de faire de la randonnée dans les montagnes grecques.
Ça paraît peu probable.

Comme vous le voyez, je suis chez moi, à mon bureau.
Je ne sais pas quoi vous dire d'autre.
ATCHOUM
Excusez-moi, j'ai éternué.
À vos souhaits.

C'est une découverte incroyable, un monastère aussi bien conservé.
Bien conservé d'un point de vue archéologique, s'entend.
On va en apprendre beaucoup sur l'ordre en question.
Imagine tout ce qu'on va découvrir sur le mode de vie de ces gens il y a quatre cents ans, leurs croyances, tout ça...
Je rêverais de faire ce genre de trouvaille - ah, merde, il pleut.

On devrait s'abriter ici. Ça ne va sûrement pas durer.
Je vais avancer un peu. C'est juste du crachin.
Hé, attends !
Tu crois que c'est une bonne idée de se séparer ?
Beth !
Je suis désolé, vraiment désolé, mais je suis venu ici parce que je voulais être seul !

J'ai fui les obsèques de mon frère parce que je voulais être seul.
J'ai besoin de digérer.
Luke.
Je n'y arrivais pas. Je ne savais pas comment me comporter.
Tout le monde me regardait comme si ça devait être évident pour moi.
Comme s'ils voulaient calquer leur attitude sur la mienne.
C'était dingue. C'était - Qu... ?
BRR

AH!
AHH
Beth!
BLAM
TAC
TAC
TAC
TAC

DING
DING
Rrha !
DING
Joanie, bloque toutes les notifications du coussin « Luke Healy ».
Enfin en paix !
Merde. Merde.

FFFF
FFFF
CRRAC
BOUM

TOUM
DOUM
TOUM
DOUM
Merde.
TAP
TAP

À mon époque...
C'est reparti.
Même par temps de pluie, les touristes affluaient.
Pour sûr.
Comme l'eau vive, ils se répandaient en tout lieu.
« Comme l'eau vive. »
Ils se répandaient comme l'eau vive.
Votalaski
Je regrette cette époque.
Votalaski

Je vis au fil de mes idées, celles qui me traversent, mes océans,
jusqu'à ce que je sombre, je crois, je ne ferai que m'égarer.
Je ne me voue qu'à mes propres idées, je rumine et chemine et m'en vais émerveillé.
Tu as une belle voix.
Seigneur, je croyais que tu étais inconsciente.
On dirait que tu regrettes que je ne le sois pas.

Comment tu te sens ? Ta tête, ça va ?
J'ai mal, mais ça va. L'orage est passé ? Je suis restée longtemps dans les vapes ?
Ce n'était pas un gros orage. Le sol était instable. Il a suffi d'une averse.
On n'a pas eu de chance, c'est tout.
... Désolé de t'avoir crié dessus.
Je ne m'en souviens même pas.

(??)
TU ES BON
TU ES MALIN
TU ES BON
TU ES GENTIL
PASS 2182
HEX #F2122
J'arrive pas à dormir.
Moi non plus.
J'ai de la vodka dans mon sac.
Je ne bois pas.
Je bois, tu me regardes.

C'est pas vraiment recommandé après un traumatisme crânien.
Pfff... Qu'est-ce qu'ils en savent, les médecins ?
... Quand même.
SCRTCH

Je ne sais pas ce que je vais faire après.
On peut retrouver le chemin. Moi je suis capable de continuer.
Oui, oui. Je voulais dire, après ça.
Après l'ascension. À mon retour.
... Je suis tellement bête...
Pourquoi ?

J'ai passé chaque jour de ma vie à m'inquiéter pour l'avenir.
À angoisser face aux catastrophes annoncées.
À m'efforcer de faire advenir des choses positives. À bosser tout le temps.
Tout ça pour quoi ?
Ces choses positives ne sont jamais venues. Du moins pas comme je les imaginais.
Les catastrophes, elles, n'ont jamais été celles aux-quelles je m'étais préparé.

Teddy est mort.
Il est mort.
Jamais je n'aurais imaginé ça.
Maintenant, quoi ?
Ferme les yeux.

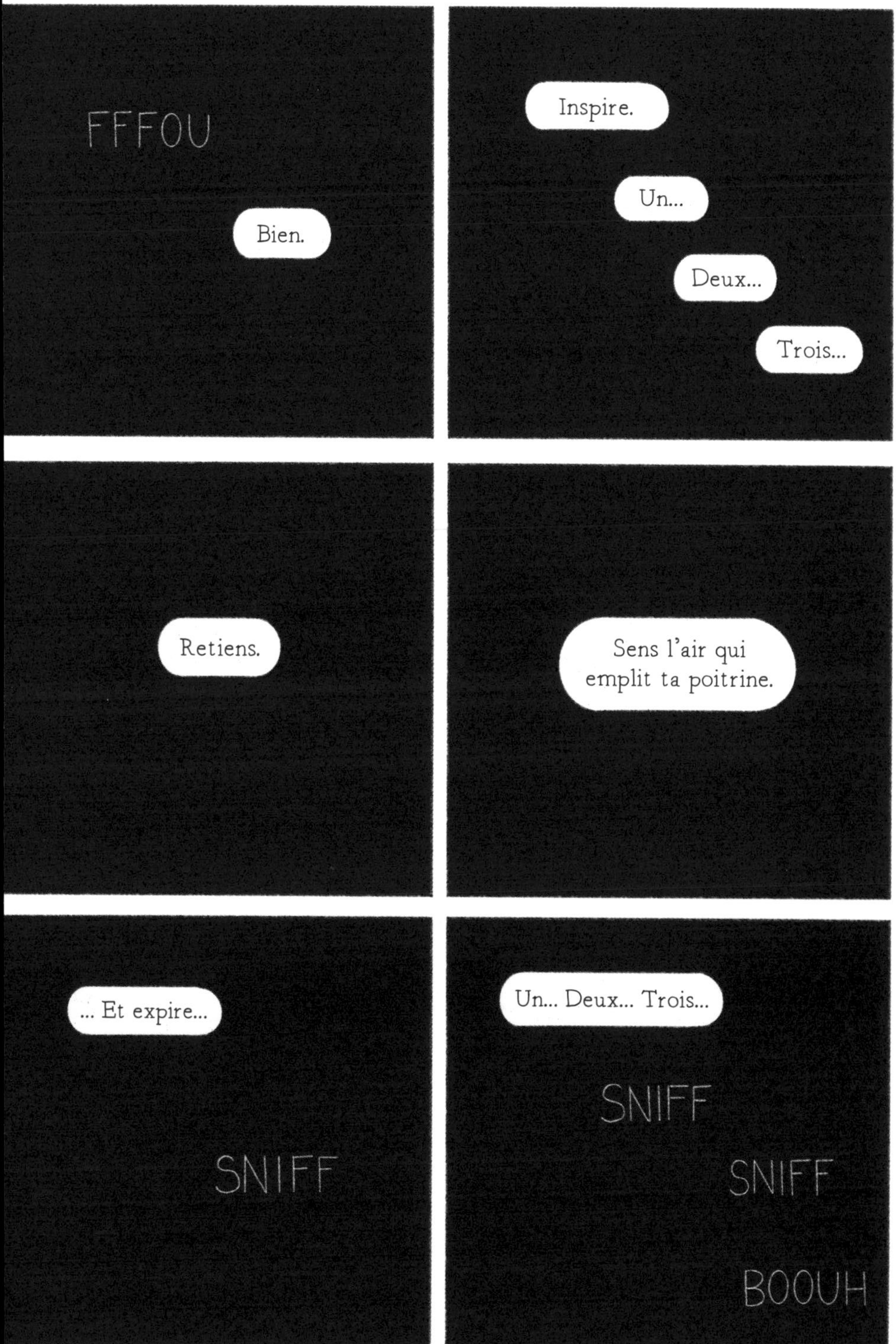
FFFOU
Bien.
Inspire.
Un...
Deux...
Trois...
Retiens.
Sens l'air qui emplit ta poitrine.
... Et expire...
SNIFF
Un... Deux... Trois...
SNIFF
SNIFF
BOOUH

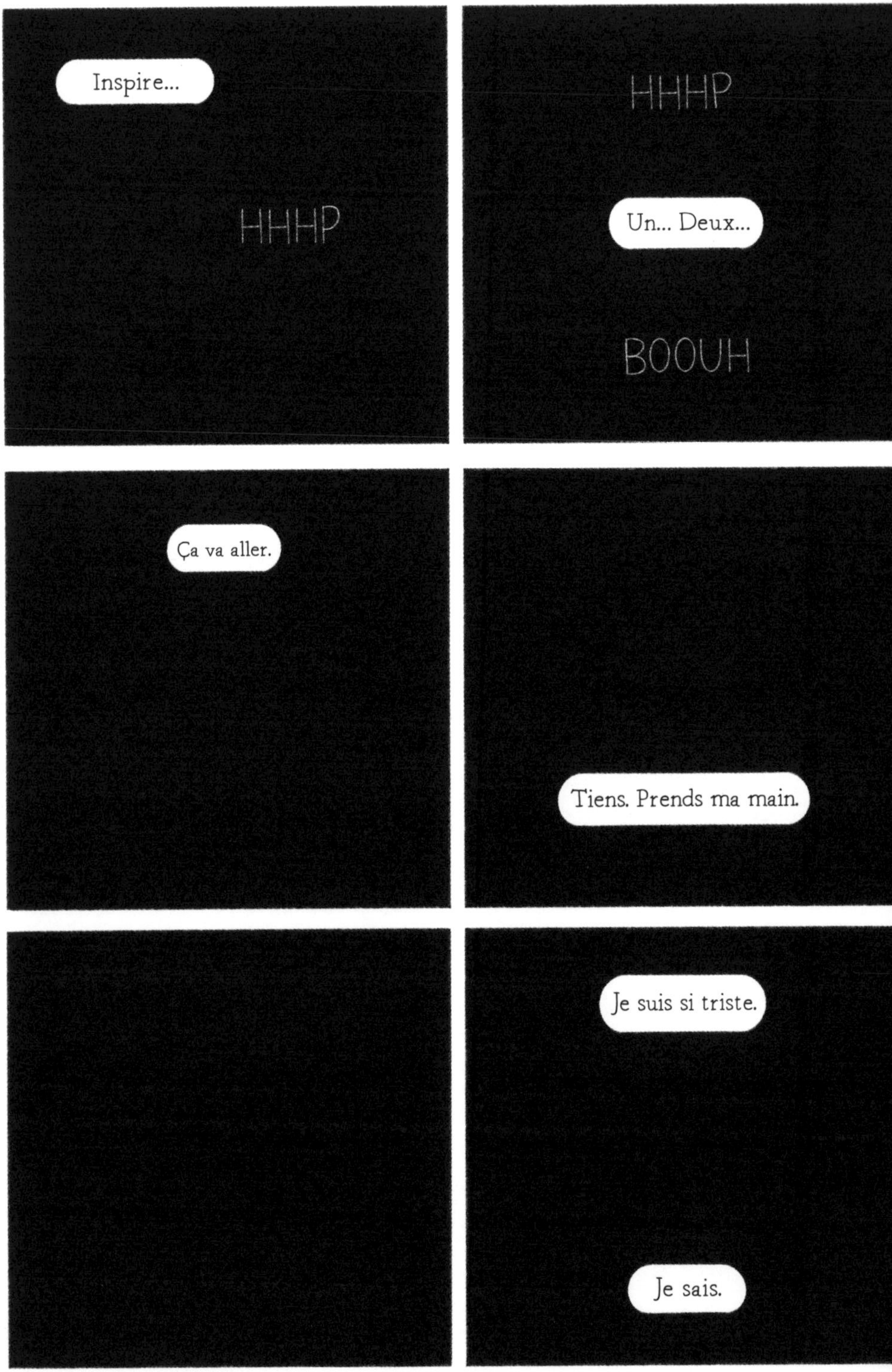
Inspire...
HHHP
HHHP
Un... Deux...
BOOUH
Ça va aller.
Tiens. Prends ma main.
Je suis si triste.
Je sais.

RING!
RING
RING
SNIRF
RING
RING
Merde.
RING
RING
L'écran est cassé. Impossible de décrocher... heu. Ha, ha, ha !
Ha, ha, ha.
RING
RING

FFFF
Tu crois qu'on devrait divorcer ?
Non.
OK.
SCRCH

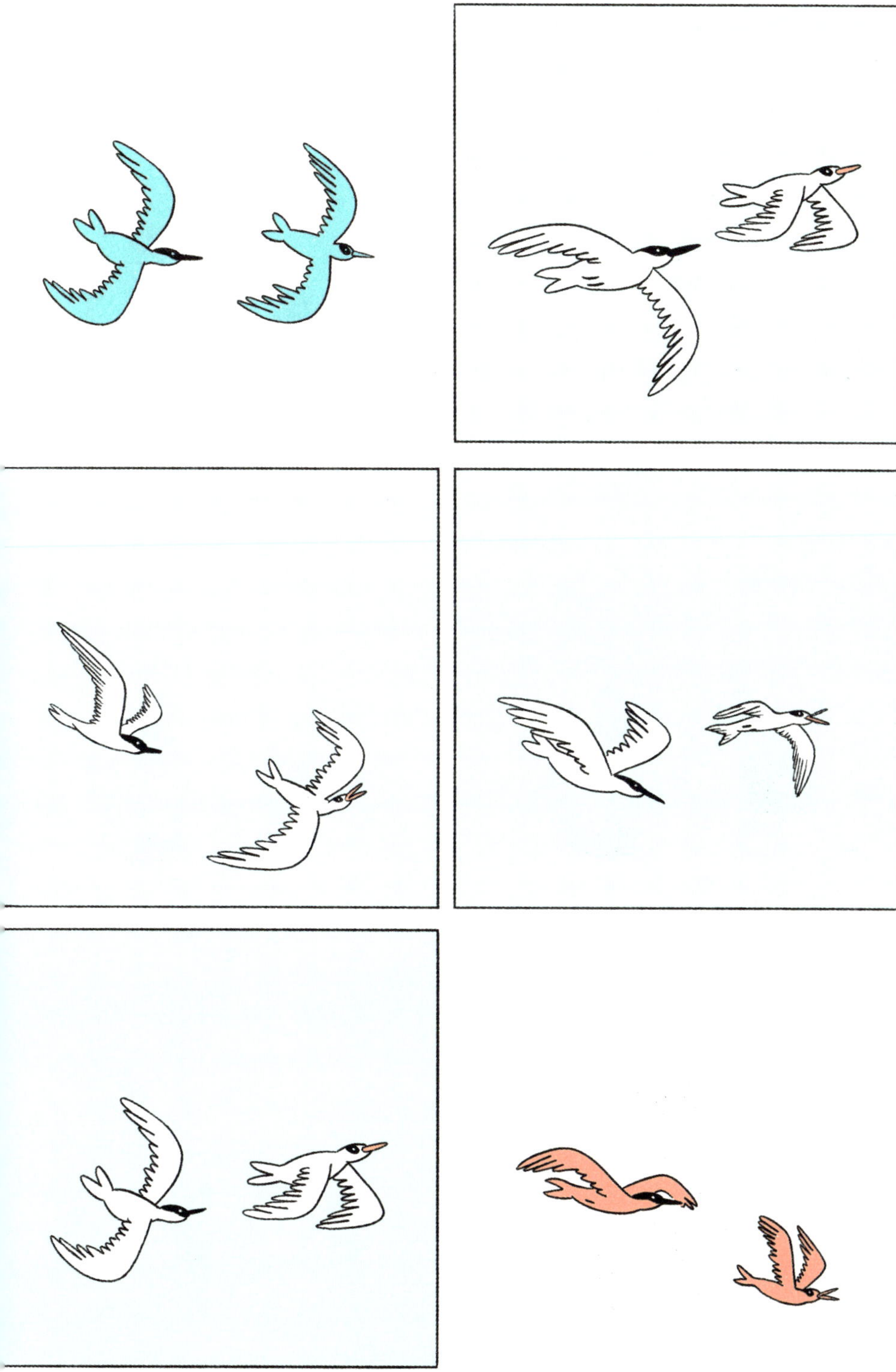

Ça y est. Le monastère est au bout de ce sentier.
Beth, heu... Merci pour la compagnie.
Vraiment.
On se serre la main, alors ?
Ha, ha, je ne sais pas ?
Bonne chance, Luke.
Toi aussi.
Écris-moi.

SNIFF
SNIFF
SNIFF
SNIFF
SNIFF

PFFIOU
RING
RING
RING
RING
CLIC
RING
RING
RING
RING

Heu, monsieur.
Qu'y a-t-il, Michael ? Je pars déjeuner.
La température corporelle de Healy a augmenté de quatre cents degrés.
Pff, ces conneries de coussins déconnent complètement.
On va les foutre à la poubelle. Voilà. Ça sert à rien.
Et pour Healy ?
Virez-le. J'en peux plus d'entendre son nom.

Hé, regarde ça.
L'homme à la carte s'en est sorti.
On avait parié quelque chose ? Je me rappelle plus.

CLIC
La vie n'est pas une compétition.
Il n'y a ni gagnants ni perdants.
Je ne l'avais pas vu venir, Ted.
Des milliers de gens font mieux que vous...
Je ne suis pas prêt.
Et des milliers bien pire...
Tu me manques.
Statistiquement vous êtes dans la moyenne.

Vous comparer aux autres ne vous apportera que souffrance.
C'est tellement triste.
Ouais.
Eux, ce n'est pas vous.
Ils n'ont pas « un meilleur boulot ».
Il écoute des enregistrements de lui-même ?
Je crois.
Ils ont un boulot.
Zarb.
Leur relation n'est pas « meilleure ».
Ils ont une relation, c'est tout.

C'est beaucoup,
ce que vous avez.
Voyez les choses sous cet angle.
Pourquoi se soucier qu'ils soient « plus heureux » ?
Si vous, vous l'êtes.
Vous êtes ce que vous avez.
Vous avez ce que vous avez.
Vous, c'est tout.

Tel que vous êtes.
Sans retouche. Vous êtes digne d'amour.
Œuvrez à l'amour.
Et lorsqu'il vous est offert, acceptez-le.
Acceptez-le.
Cet amour, tout comme vous, est précieux, très précieux.

Intermède (3)

Luke reçoit un coup de fil

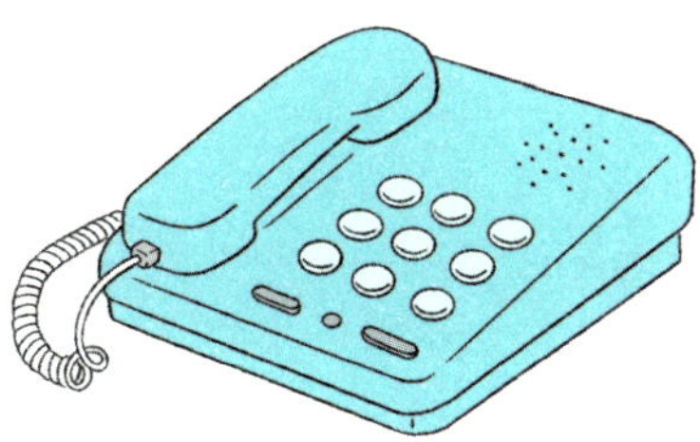

RING
RING
RING
RING
RING
RING
Allô ?

SCRTCH
Vous êtes sérieuse ?
Un film, waouh... Et je serai payé ?

CHAPITRE 4

LUKE HEALY EST...

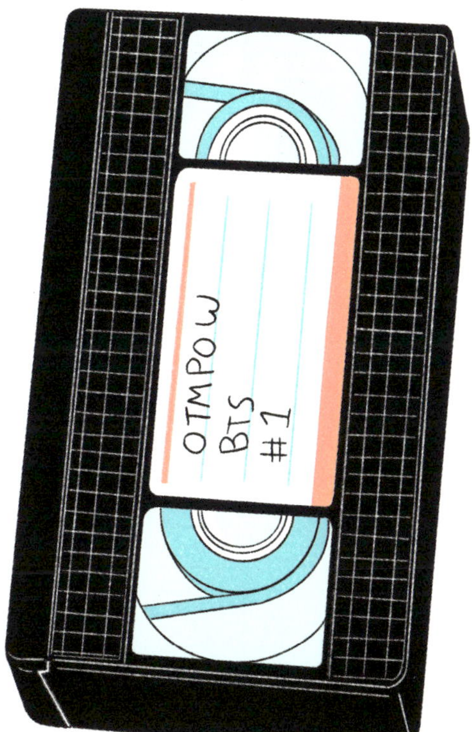

fig.(2)
Égo
(ïste)
Zut !
PSHT

CINQ
ANS PLUS
TARD

Seigneur, ses films sont excellents !
Ah bon ?
Un homme entretenu ? Un chef-d'œuvre !
Je ne l'ai pas vu.
J'ai juste regardé celui qui a eu l'Oscar.
Enfin, Luke, tu ne pouvais pas prendre le temps ?
Je suis occupé… et feignant.

Nous amorçons maintenant notre descente vers Los Angeles.
Flûte. J'aurais dû passer aux toilettes.

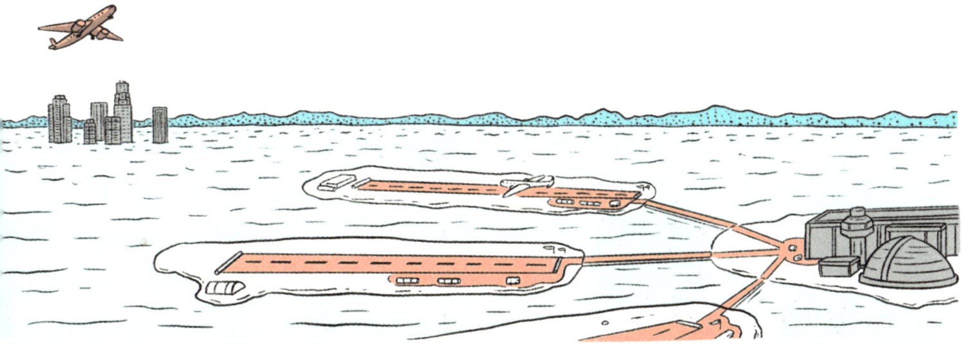

J'y crois pas, y'a même pas un Starbucks ici.
Et curieusement, les habitants de Reykjavik ont l'air de survivre.
Ne me cherche pas, Liz.
À 7 h, impossible d'être opérationnelle sans mon latte noisette.
Et le village global, il a disparu ?
Demande à « l'idiote » du village.

LUKE HEALY + INVITÉE
Oh, regarde, j'ai fabriqué l'écriteau.
On dirait.
Bonjour, je suis Luke, et voici Mary, ma mère.
Bonjour M. Healy. Joe. Je serai votre chauffeur cette semaine.
Et... là, c'est qui ?
Loreen. Stan veut que je filme votre séjour.
Pour les bonus.

Oh, Luke, regarde ces petites boîtes d'amandes, là.
Ha, ha !
Vous êtes obligée de filmer ça ?
Oui, monsieur.
Alors, vous êtes déjà venus à Palm Springs ?
Oui, une fois. Il y a une vingtaine d'années.
Non.
Ça a beaucoup changé.
C'est devenu vraiment cool.

PALM SPRINGS

(VALLÉE DE COACHELLA)

Luke !
Stan Smith. Ravi de vous rencontrer, enfin.
De même
M. Smith, j'adore votre travail.
Ah. Je vous présente ma mère, Mary.
Ha, ha, conforme à votre description.
Oh.

Je suis tellement content que vous soyez venu. Vous allez adorer Palm Springs.
En fait, je suis déjà venu une fois...
Ça a changé.
Beaucoup. Allez voir le centre-ville. C'est cool.
Quand je pense qu'un de ces hangars abrite des décors inspirés de mes dessins.
Tous, vous voulez dire.
Hein ?
Toute cette zone abrite nos décors.
14

Voici le décor de la rue de Reykjavik.
On a mis des frigos géants en haut pour qu'on puisse visualiser les expirations.
Les oiseaux n'arrêtent pas de foncer dedans et ils retombent gelés comme des esquimaux.
Je ne pensais pas que c'était une production à gros budget.
Pour quelles raisons ?
Vu votre filmographie, le livre à la base du projet... Et le bon sens ?
Pas du tout. C'est du gros business, les adaptations de BD.

Mais vous adaptez une mini-BD autopubliée en 2013, pas *Spider-Man*.

Tout à fait. Tous les *Spider-Man* ont été adaptés. Ça, c'est nouveau.

Vous voulez voir le bassin ?

CLIC

Luke, Mary. Je vais vous présenter une partie des acteurs.
Voici Sheena, qui a le rôle de Liz.
Drew et Katie jouent Caroline et la mère.
Raymond joue le rôle de Bolli.
Ah, je vous ai déjà vu, je crois... Un film où ça fumait joint sur joint ?
Ouaip, j'ai pu en faire dans le genre. Avant j'ai surtout joué dans des comédies.
Mais c'est une comédie. Enfin, ce bouquin.
Raymond va décrocher un Oscar avec ce rôle.
Arrête.

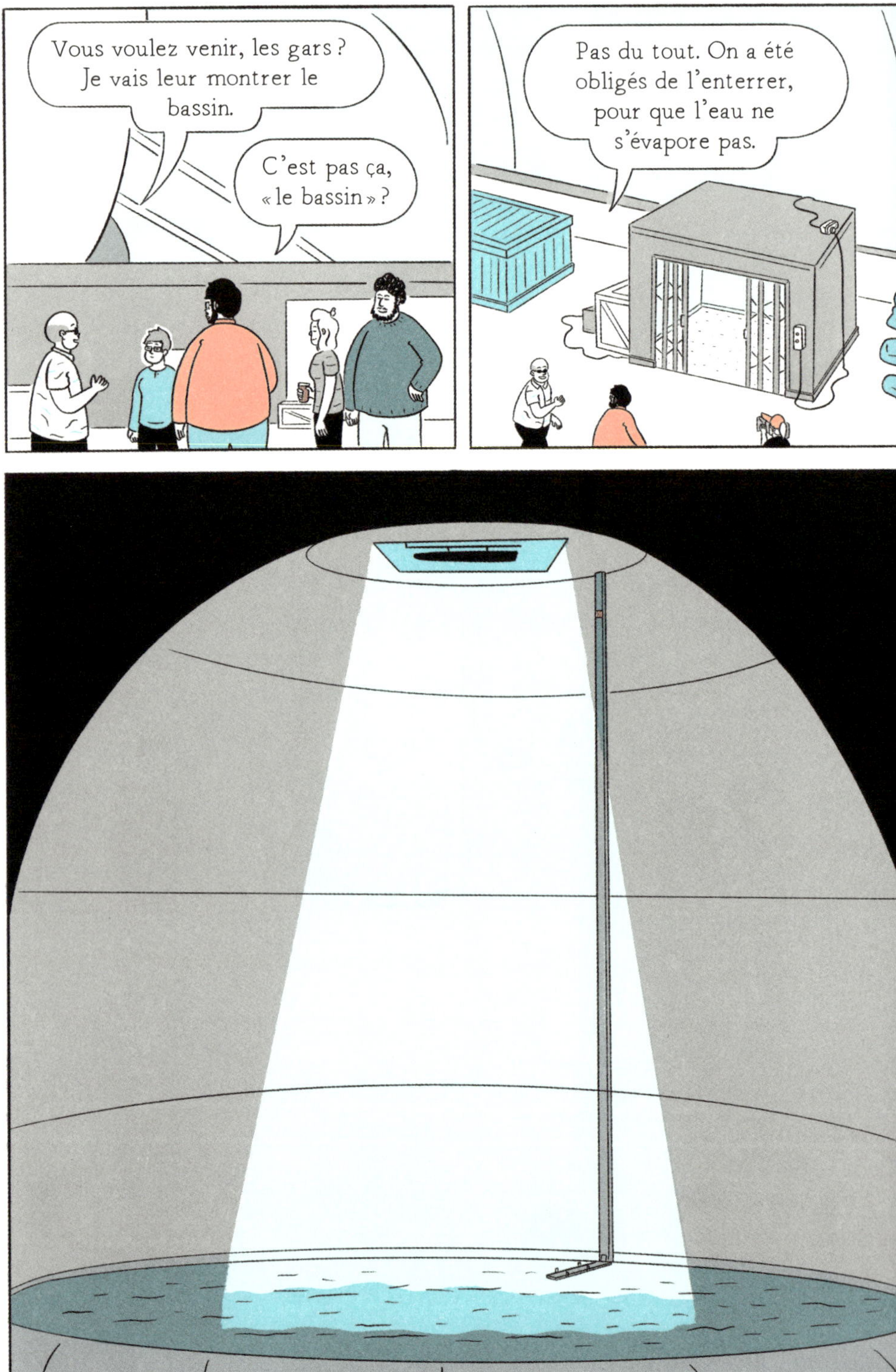
Vous voulez venir, les gars ? Je vais leur montrer le bassin.
C'est pas ça, « le bassin » ?
Pas du tout. On a été obligés de l'enterrer, pour que l'eau ne s'évapore pas.

Excusez-moi, mais...
Putain de Dieu !
Luke !
C'est une baleine, là au fond ?
Presque. Elle s'appelle Shoshana. C'est une de ces baleines synthétiques pour parc aquatique.
On l'a dégottée quand San Diego a été engloutie.

Elle est pilotée par une IA plutôt sommaire.
Elle se contente d'aller et venir.
Elle a été conçue pour amuser les enfants.

Elle a subi une petite avarie sous la nageoire gauche, mais on effacera ça en post-prod.

Ç'a été une chance de la trouver. Sans elle, le film n'aurait pas pu se faire.

C'est tellement moche, les hangars des studios.
Palm Spr
Tous les nouveaux bâtiments sont moches.
Au moins ils ont gardé le vieux casino.
Il est vraiment moche aussi.
Palm Springs

Je suis désolée du désagrément. Il y a un afflux record de gens venus de la côte.
CASINO
C'est inadmissible. Le studio a réservé ces chambres il y a des semaines.
Je ne peux rien faire, malheureusement.
Sincèrement, ça ne nous dérange pas de partager notre chambre.
... D'accord. Mais donnez-leur des jetons pour les machines à sous.

Mon Dieu, viens voir la taille de cette baignoire !
2013
2014
Waouh. C'est grand.
Dis, tu ne trouves pas tout ça un peu oppressant ?
Je pense que n'importe qui trouverait ça oppressant.
Je ne pensais pas qu'on serait autant filmés.
J'ai peut-être juste besoin de prendre l'air.
Oui, va te détendre. Très bonne idée.

CLAC
Putain!
C'est quoi ce bordel?
2013
2014
Stan veut que je filme
tout de votre séjour.

VLAM
SSSSSHH
Putain de bordel de Dieu.
SSHH

OLD
Palm Springs

LGBT+ BAR
LES SPRINGS
TAXI
Une IPA sans alcool.

Luke ?
Raymond... Salut !
Mon ami!
Je savais pas que t'étais gay.
Moi non plus je...
Ouaip. Pas un mot à la presse, hein, ha, ha.

Alors, vas-y, raconte-moi. C'est quoi ce qui motive ce Bolli ? File-moi des in-fff-os sur mon per-fff-so.
Heu, eh bien... rien ne le motive vraiment.
Je me suis inspiré de quelqu'un pour qui j'avais un faible... avant de savoir que j'étais gay.
Quelqu'un de gentil, et drôle.

Ça va pas ?
Hein ? Si, si.
C'est pas ton truc ?
Si.
On va s'arrêter là.
Tout va bien, mais si tu veux arrêter...

N: R.ALYNNE
V:02-09-36
C:ACTOR
P:OTMPOW
STUDIO PASS
Peut-on changer de destination, s'il vous plaît ?
ARRÊTONS LE CINÉMA

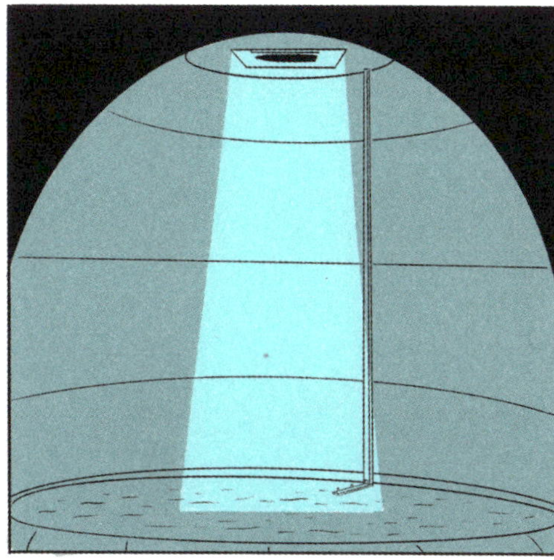

J'ai pas réussi à dormir cette nuit.
Ah bon ?
Palm Springs
Trop de bruit. T'as pas entendu les hélicos ?
Ils font de nouveau des rondes.
Oui, je crois que la MGM est en repérages.
Je sais pas comment t'as fait pour vivre ici deux ans.
Bouchons d'oreilles.

Si t'arrêtes pas de te plaindre, je te harponne.
Pff, je parie que c'est du plastique. C'est ringard.
Vous allez arrêter de vous chamailler vous deux ?
Coupez !

Luke ! Vous êtes là ! Alors ?
Alors ?
Qu'est-ce que vous en pensez ? De la scène.
Ah, pardon, oui ! ... C'était bien.
Mais...
Pas de mais. Elles ont beaucoup parlé de ce harpon.

Tout à fait. C'est un harpon de Tchekhov.
On a besoin de l'introduire tôt pour que ça paraisse logique quand Liz s'en sert plus tard.
Elle s'en sert ?
Pour tuer la baleine.
Liz ne tue pas la baleine. Elle cesse juste d'y penser. C'est tout le sens du livre.
Bon - on a changé ça.
... Oh, OK.
C'est un film ! Un film, faut que ce soit excitant !

Ça vous... pose un problème ?
Non.
BANG
Nom de Dieu. Qu'est-ce que c'était ?

Encore ces putain de manifestants avec leurs tirs de mortier.
Mon Dieu. Quelle détermination !
Ils sont nombreux aujourd'hui.
Luke ?
Hmm.

Putain.
Je sais.
J'ai pas vu autant de bagnoles depuis des années.
On ne sortira pas ce soir.
OK.
Palm Springs

Dans le comté de Malibu, les inondations ont provoqué le déplacement de mil...
- CLIC -
Des tempêtes sur la côte Ouest...
Plus d'informations à ce sujet...
Tu peux éteindre ça s'il te plaît ?
Pardon.
Non, c'est moi qui m'excuse.
Pas de souci. Je vais regarder sur l'iPad.

Ça te... pose un problème ?
NGH
On a changé ça.
N: R.ALYNNE
V: 02-09-36
C: ACTOR
P: OTMPOW
STUDIO PASS
MMMRRRR
Ç'a été une chance de la trouver.

Sans elle, le film n'aurait pas pu se faire.
Le film n'aurait pas pu se faire.
Ça vous... pose un problème ?
« Je te harponne ! »

GGGLLL
BLARFS

REC
CAM#3

Fichier n° 1
Horodateur 00:00
BiP
Cache-le derrière les toilettes, vite.
Quand je pense qu'ils l'ont changé de chambre, ces bâtards. Aucun professionnalisme.
Stan, t'as pas l'impression qu'on... passe les bornes, là ?
Ça va lui plaire.
Tu as lu sa BD ? Il adore ces conneries méta.

AÏE!
Ouille, ma cheville!
Attends, j'arrive.
Merde.
Doucement.
Vas-y mollo.

L-Liz... Ton visage.
Tu... pleures.
Je...
Coupez !
OK. Raymond, on en refait une sans l'accent islandais.
Depuis le début.

Je suis à peu près sûr qu'il essaie de me contrarier.
Ça semble improbable.
Bon, merci à tous. Merci d'être restés.
Comme vous le savez, demain on tourne la grande scène de la baleine.
Shoshanna est fragile, donc on doit être au top de notre forme.
C'est vraiment la scène cruciale du film.

Hé, Luke, attendez !
On a réussi à vous obtenir un pass.
Maintenant vous pouvez venir dans le complexe quand ça vous chante.
... Et moi, alors ?

Palm Springs
Ça me manque, de me plaindre.

Je pense qu'il veut que je détruise la baleine.
Quoi ?
Il n'arrête pas de me provoquer. De dire combien elle est importante...
Je devrais peut-être le faire, après tout.
Pour ceux qui m'entendent...
Tu deviens parano, on dirait.
Je m'apprête à aller détruire la baleine.
C'est ça, t'es parano.

PEOPLE OVER PICTURES
Salut Loreen.

Sérieux ?

Oui. Arme
ton bras.

On y est, les gars.
Pouah.
Et merde.
SPLSH

Non! Puutain!
Loreen... demande-lui.
« Pourquoi ? »
« On sabote ton livre. »
« Le seul de tes livres que les gens aient vraiment apprécié. »
« Pourquoi tu t'en fous qu'on change ton livre ? »

Tout change.

Palm Springs

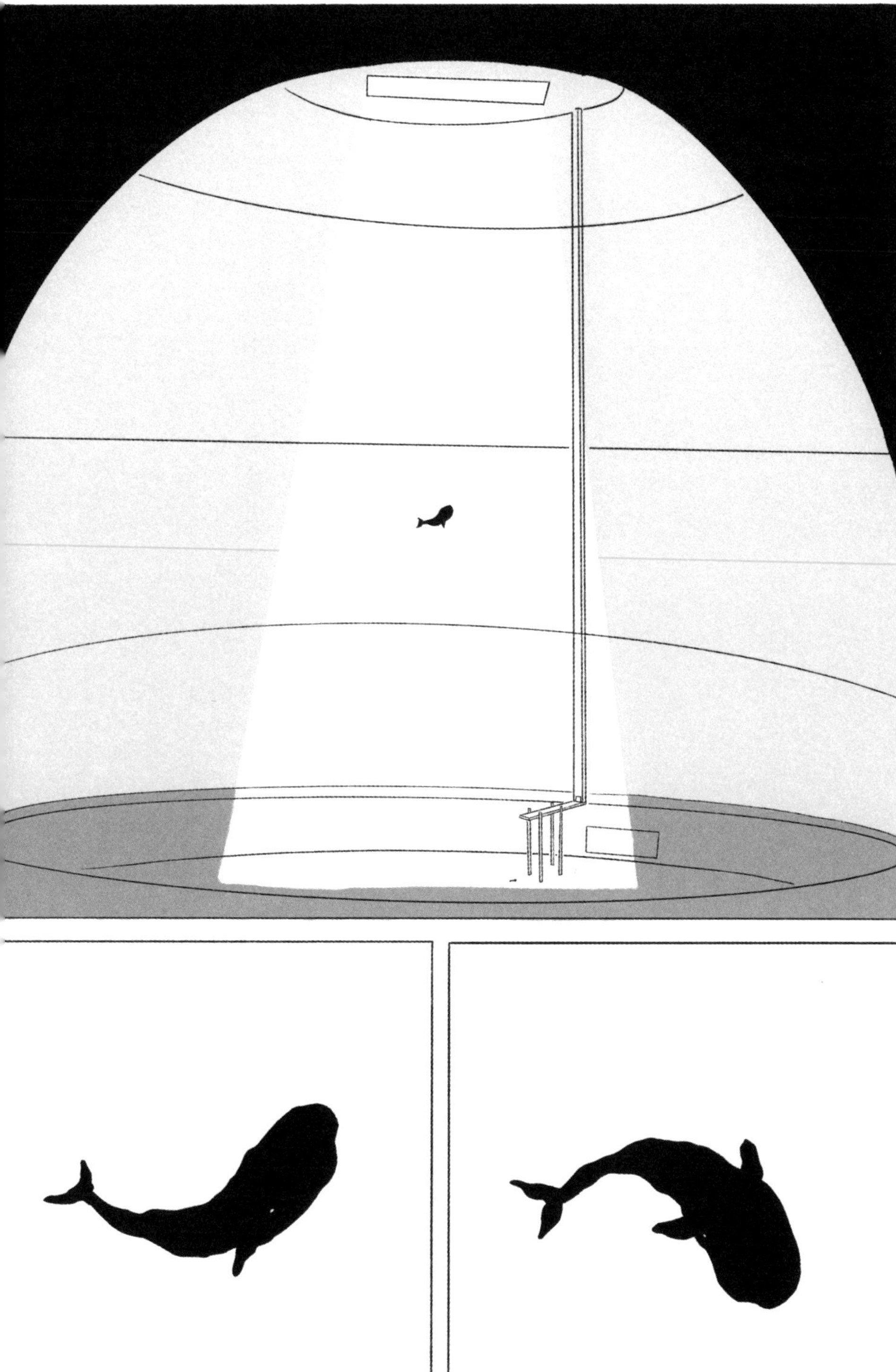

FIN

ÉPILOGUE

Tout ça est vraiment arrivé ?
Oui.
Waouh. Quelle bande de tarés.
Enfin. C'est fini maintenant.
Tu n'es pas déçu ?
Tu sais, ça fait seize ans que j'ai arrêté d'écrire des BD.
Oh, ça fait si longtemps ?
Ouais, seize ans.

Après la crise, j'ai perdu toute mon inspiration... Ça m'a stupéfait.
Comment ça avait pu disparaître du jour au lendemain ?
Toutes ces années de travail pour rien.
Quand j'étais au plus bas, je me souviens que ma psy m'avait dit qu'écrire à la troisième personne était une bonne manière de mettre à distance les émotions complexes.
Et malgré tout, malgré la manière dont les choses ont tourné, malgré moi-même... Chaque fois que je pense à ma vie...
J'écris toujours la même chose.

«Luke Healy a de la chance.»
«Luke Healy a de la chance.»
«Luke Healy a de la chance.»

Annexe (1)

« Des peintures monstrueuses de cétacés »

J'y crois pas, y'a même pas *un* Starbucks ici.
CAFE
Et curieusement, les habitants de Reykjavik ont l'air de survivre.
CAFE
Ne me cherche pas, Liz.
À 7 h, impossible d'être opérationnelle sans mon latte noisette.
Et le village global, il a disparu ?
CAFE
Demande à « l'idiote » du village.
Eh, oh!
J'arrive pas à me concentrer avec vos bavassages sur les frappuccinos.
Latte noisette.
Oh, c'est bon, Caroline!
Alors, t'as trouvé la direction, m'man ?

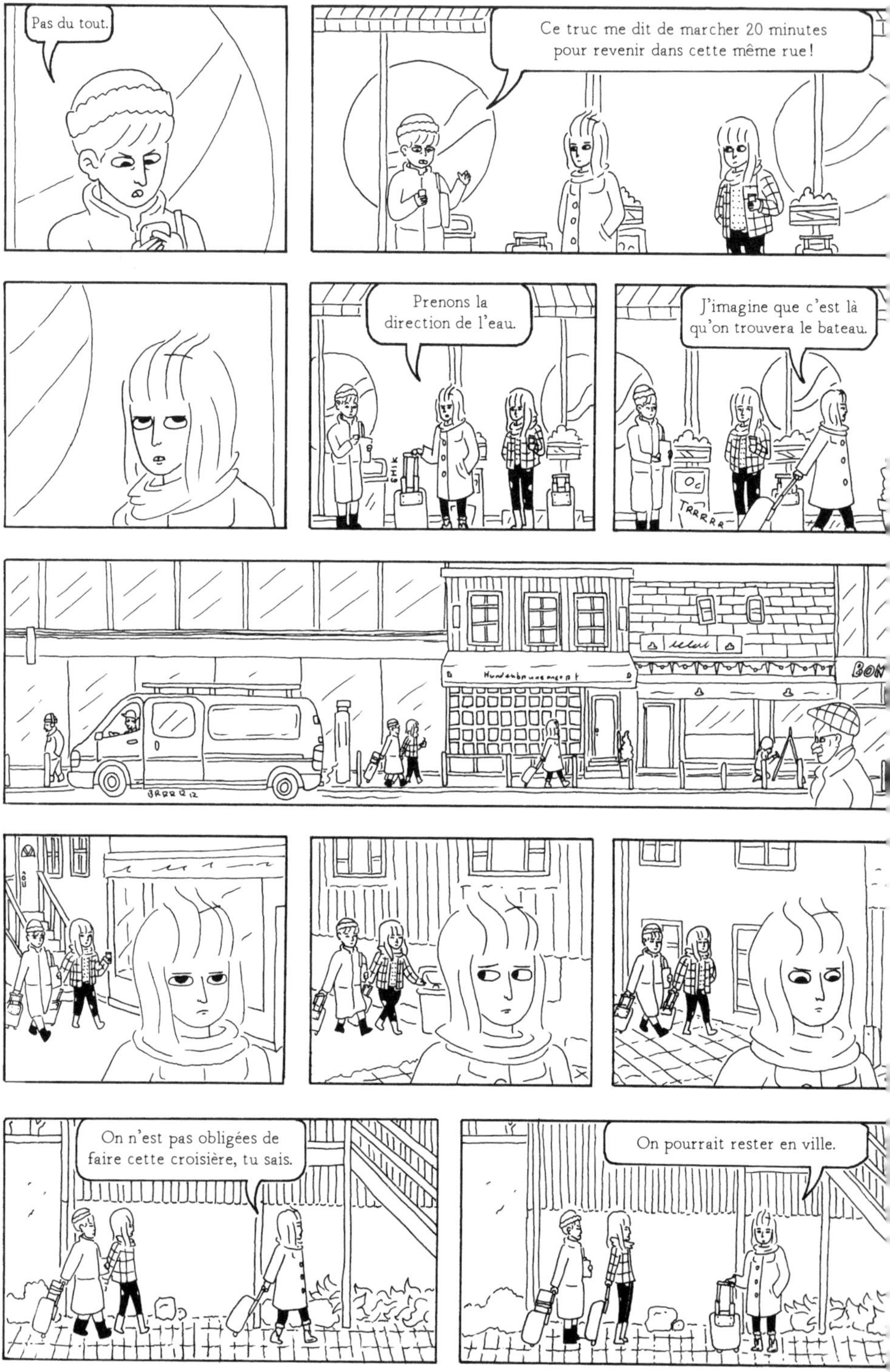
Pas du tout.
Ce truc me dit de marcher 20 minutes pour revenir dans cette même rue!
Prenons la direction de l'eau.
J'imagine que c'est là qu'on trouvera le bateau.
TRRRRR
BRRRR
On n'est pas obligées de faire cette croisière, tu sais.
On pourrait rester en ville.

Bon, Liz...
On s'était mises d'accord.
Je sais, m'man, mais...
Mais rien.
Regarde Caroline, elle ne se plaint pas.
Nan. Je me suis plainte tant que j'ai pu avant de monter dans l'avion.
Bon Dieu, les filles.
«Nager avec les baleines», c'est la volonté de votre père.
Pour Dieu sait quelle raison.
Mais c'est moi qui irai en enfer si sa volonté n'est pas respectée.
Des objections ?
C'est ce que je pensais.

Qu'est-ce qu'on va voir, m'man ?
Voyons...
« vaisseau explorateur »
« ... biblio-thèque... »
« ... salle à manger... »
« ... cinéma... »
Ooh, écoutez !
« buffet de fruits de mer de premier choix »
C'est pour toi, Liz. Toi qui aimes bien manger.
Je suis allergique aux fruits de mer, m'man.
Ah bon ?
Depuis quand ?
Depuis la fête pour les 8 ans de Nlamh NicFheorais.
Sa mère a servi des huîtres et j'ai fini aux urgences.

J'ai gonflé comme un loukoum.
Qui sert des huîtres à des mômes de 8 ans ?
Le thème c'était Paris.
Sa mère avait aussi construit une tour Eiffel de 2 mètres de haut.
Bizarre, cette femme.
Ha, le voilà.
Super. On y va.

Bienvenue à bord du *Bon Gras*. Je suis le capitaine Einarsson.
Pardon pour la brièveté de cet accueil.
Un banc de cachalots vient d'être repéré juste à la sortie de la baie.
Liz.
Écoute.
J'espère que nous pourrons naviguer suffisamment vite pour les atteindre avant le crépuscule.
Merci de nous avoir choisis pour aller observer les baleines.

Le *Bon Gras* ?
On dirait un nom tout droit sorti de *Thomas le petit train*.
T'inquiète, Caro.
Comme dit Ringo Star, « les petits moteurs font de grandes choses ».
Comme dit Johnny Rotten, « va te faire foutre ».
C'est incroyable. Vous pouvez pas vous tenir deux minutes.
Oh, on rigole, m'man.
Oui, allez, on monte tout en haut.
Je reste ici.
Je manque déjà d'air.
Tâche de ne pas te faire *harponner* en notre absence.

Salut.
Oh. Salut.
Désolée, je ne vous avais pas vu.
Vous êtes anglaise ?
Non, irlandaise. Je m'appelle Liz.
Moi c'est Bolli.
Enchantée.

F-fyrirgefðu...
Ég tala ekki mikið ensku.
Désolée, je ne comprends pas.

Waouh.
Tu l'as vue, Bob, tu l'as vue ?
Je n'ai rien vu du tout.
Ces deux-là par contre ont tout vu.
Ils ont de la chance.
De la chance ?!
C'est la première fois que je vois une baleine approcher le bateau de si près.
Ça va, vous deux ? Bolli ?
Ton livre.
Oh, non !

Il faut aller vous changer.
Non, ne l'emmenez pas en bas!
Visiblement elle porte chance pour voir les baleines!
Oh, lâche-nous.
Vous n'avez pas le droit de me parler comme ça.
Bollo, taka niður hana áður en þú bæði frysta.
Va te faire foutre!
Komdu á.
Vous n'avez pas le droit de me parler comme ça!

Heu, c'est ma chambre.
106

Là tout de suite, je regrette de te l'avoir dit.
J'y crois pas.
Ça fait pas deux jours qu'on est ici et tu fricotes déjà avec l'équipage.
Il fait pas partie de l'équipage.
C'est le fils du capitaine.
Il est là pour voir les baleines, exactement comme nous.
La conférence démarre dans 5 minutes.
Comme nous, alors ça veut dire qu'il se fout des baleines ?
Il est là juste parce que son père a insisté ?
Tais-toi.

Sauf que son père, c'est le capitaine.
Tais-toi.
Ce qui fait de lui un membre de l'équipage.
Je dois faire quoi pour que tu te taises ?
Il suffit de lui confisquer ses poupées.
Tu as des poupées qu'on pourrait te confisquer ?
Il se trouve que j'ai oublié d'en prendre.
Imagine...
Une gamine qui oublie ses poupées.
Et donc, de quel sujet crucial débattiez-vous ce matin ?
Oh, juste du besoin compulsif de ta fille de se taper le personnel chaque fois qu'on part en vacances.

Caroline !
Quoi ?
Les petites filles ne savent pas tenir leur langue.
Bon Dieu.
Qui ?
Le fils du capitaine.
Liz !
C'est arrivé que deux fois.
Que deux fois !
Et c'est qui, le fils du capitaine ?
Lui là-bas.
Le gros ?
Regardez-moi cet ado de 14 ans qui essaie de se faire pousser la barbe.
Caroline, stop.
On dirait un capitaine Hareng de pacotille.

Qui ?
Tu sais, dans *Tintin*.
Il s'appelle Haddock.
Capitaine Haleine de Haddock, plutôt.
C'est bon, Caroline.
Ton palmarès n'est pas bien brillant non plus.
En l'occurrence c'est du palmarès de Liz qu'il est question.
Tu te souviens de ce jeune gars que tu avais ramené à la maison ?
Il se faisait appeler le Hareng saur...
Vous oubliez que Liz a passé la nuit dernière à bichonner le concombre de mer ici présent, non ?
Ça suffit. Et toi : on reste trois semaines sur ce bateau, cette fois tu ne pourras pas rentrer avant. Fais gaffe à l'endroit où tu te couches.

Allez... Il est où ?
Góðan dag, Liz.
Salut, Bolli.
Regarde !

C'est toujours la même ?
Er að sama hvalur?
Elle nous suit ou quoi ?
Oh, Bob, regarde, une baleine !
Passe-moi les jumelles.
Hé !
Ça ne vous dérange pas ?
Oh, pardon!

On a bien entendu « baleine » ?
Vous en avez vu une ?
Oui. Par là.
C'est tout l'océan, par là.
Bon, on l'a loupée.
Elle est partie ?
Elle est sans doute juste remontée pour respirer.
Écoutez, on a payé très cher pour cette croisière.
Si c'est tout ce qu'on voit, vous allez devoir vous expliquer avec mon avocat.

Allez. Retournons finir notre petit déj'.
C'est ça.
On se les gèle ici.
Liz, tu es bien, là ?
Oui, m'man, ça va.
OK, bon, à tout' alors.
Dans ta
cabine ?

Vive le rhum!
Alors Bolli. Qu'est-ce que tu sais dire ?
Je sais dire...
Je ai 25 années.
Ha, ha. C'est presque ça. Et... commander pour moi au restaurant, tu saurais ?
Pour Liz prendra un hamburger et une frite s'il vous plaît.
Ha, ha... Bien...
Tu pourrais me commander à boire au bar ?
OK...

Pour Liz, un café s'il vous plaît.
Ha, ha. C'est pas un café qu'on commande au bar...
Je veux du rhum!
Ha, ha!
Pour le café en Irlande c'est le Starbucks, oui?
Le Starbucks?
Je dis bien? Liz?
Oui, très bien.
Bon, on étouffe ici.
Liz?
J'ai besoin d'air.

Merde, merde, t'es où ?
Non...
Laisse. Moi.
Tranquille !

Bouh.
Bouhouhouhouhouhouhouh ouhouhouhouhouhouhouhouhouhouhouhouhouhouhouhouhouhouhouhouhouhouhouh!

Halte! Hop, monte sur la planche, et marche!
Monte sur la planche?
Ho! hisse! sur la planche, vilains garnements!
Et pourquoi mériterions-nous la planche, Lizzy?
Rrah, je ne suis pas Lizzy, je suis l'impitoyable capitaine Crochet!
Ha, ha! Toi, tu as encore regardé ce film!

C'est vous qui avez jeté ma main aux crocodiles! Haut les mains!
OK, OK.
C'est quoi ce livre ? Une histoire de pirates ?
Ça ? Oh, non.
Mais ça parle d'un capitaine à la jambe de bois.
Lis-le-moi, lis-le-moi!

Papa est malade ?
Il est juste triste, chérie. Allez, mets ton manteau.
Je peux lui parler ?
Plus tard, Liz. Nous allons habiter chez tante Suzie quelque temps.
Elle peut entrer.

Viens là mon petit Starbuck.
Ça veut dire quoi ?
Quoi ?
Starbuck.
Ça veut dire que tu es mon fidèle second.
Ça veut dire que tu seras toujours là quand j'aurai besoin de toi.

Papa, je t'en supplie !
Tu ne peux pas arrêter un peu, Liz ?
Mais c'est trop *gênant* !
Mes amis ne vont jamais vouloir venir à la maison.
Cesse de dramatiser, s'il te plaît.
Ce sont des créatures magnifiques, et majestueuses.

Papa, elles sont *horribles*.
Regarde celle-là.
Je ne les décrocherai pas, donc arrête.
Caroline est d'accord avec moi.
Starbuck, stop.
Rrr, papa, ne m'appelle pas comme ça !

Mais tu aimais ça, avant, que je t'appelle Starbuck.
Oui, quand j'avais 5 ans. Mais ça fait des années que je te demande d'arrêter.
Ah, je croyais que tu aimais bien.
Non, pas du tout.
Mais si, tu aimes.
Papa, quand on entend « Starbuck », on pense au café.

Mes amis sont plus créatifs, ils ont plein d'autres idées de surnoms.
Le nom Starbuck fait référence à...
Papa, je m'en fous...
C'est quand même pas comme si je t'appelais « Expresso ».
Arrête, c'est tout.
OK ?

Une « croisière arctique » ? Comment ça ?
Ça a dû te coûter une fortune.
Je vais vendre le livre de mon père.
Quoi ? Ton exemplaire ancien de *Moby Dick* ?
C'est une édition originale.
Waouh. Ça doit valoir des milliers d'euros.

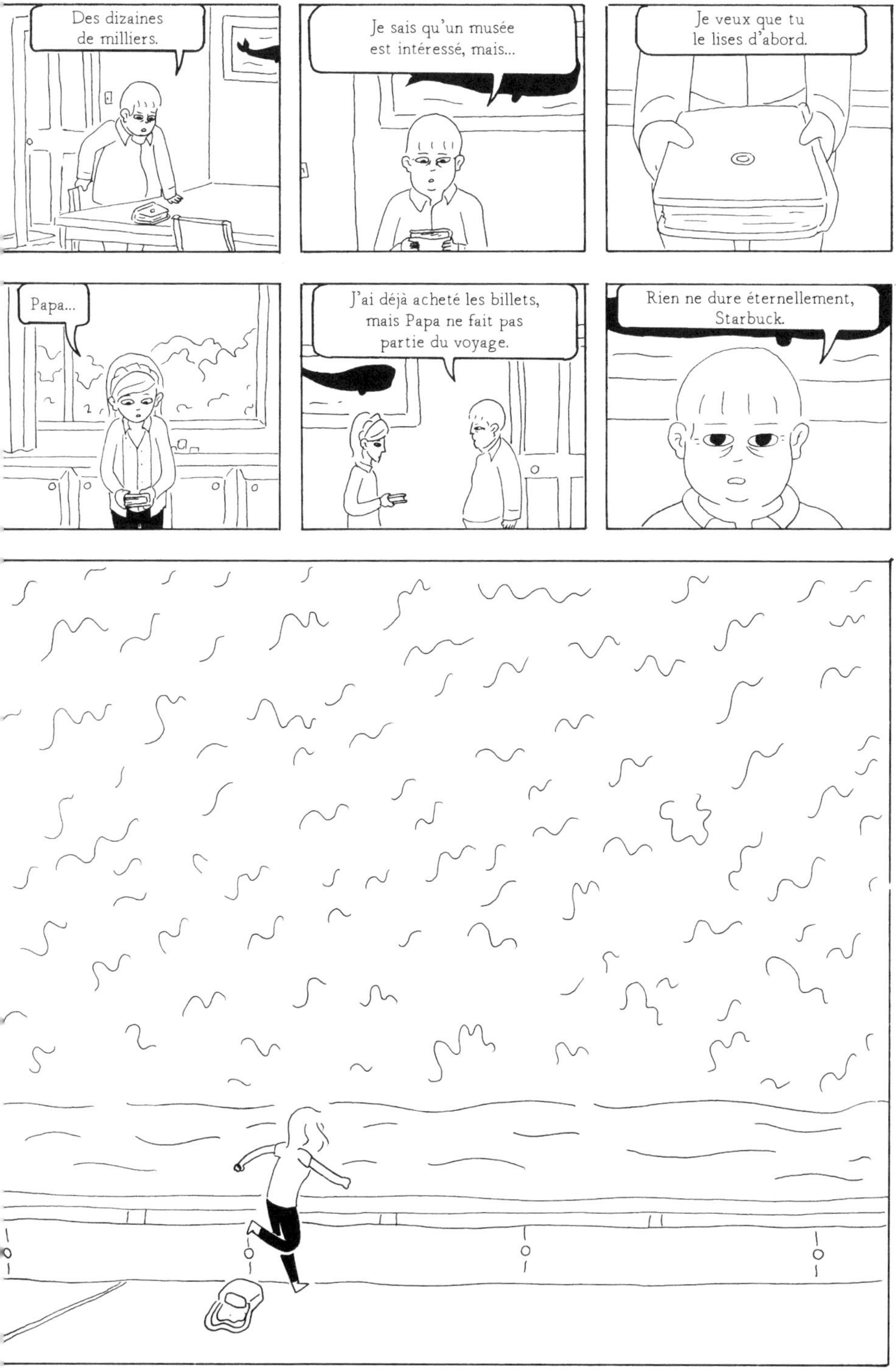
Des dizaines de milliers.
Je sais qu'un musée est intéressé, mais...
Je veux que tu le lises d'abord.
Papa...
J'ai déjà acheté les billets, mais Papa ne fait pas partie du voyage.
Rien ne dure éternellement, Starbuck.

Bouhou.
Liz.
Bouhouhou...

Liz ? Qu'est-ce que tu fous ?
On est au milieu de la nuit.
Maman est réveillée ?
Je le suis, Liz.
Mon Dieu, qu'est-il arrivé ?
On peut le faire, maintenant, s'il vous plaît ?
Quoi ?
M'man. On peut le faire, tout de suite ?
OK.

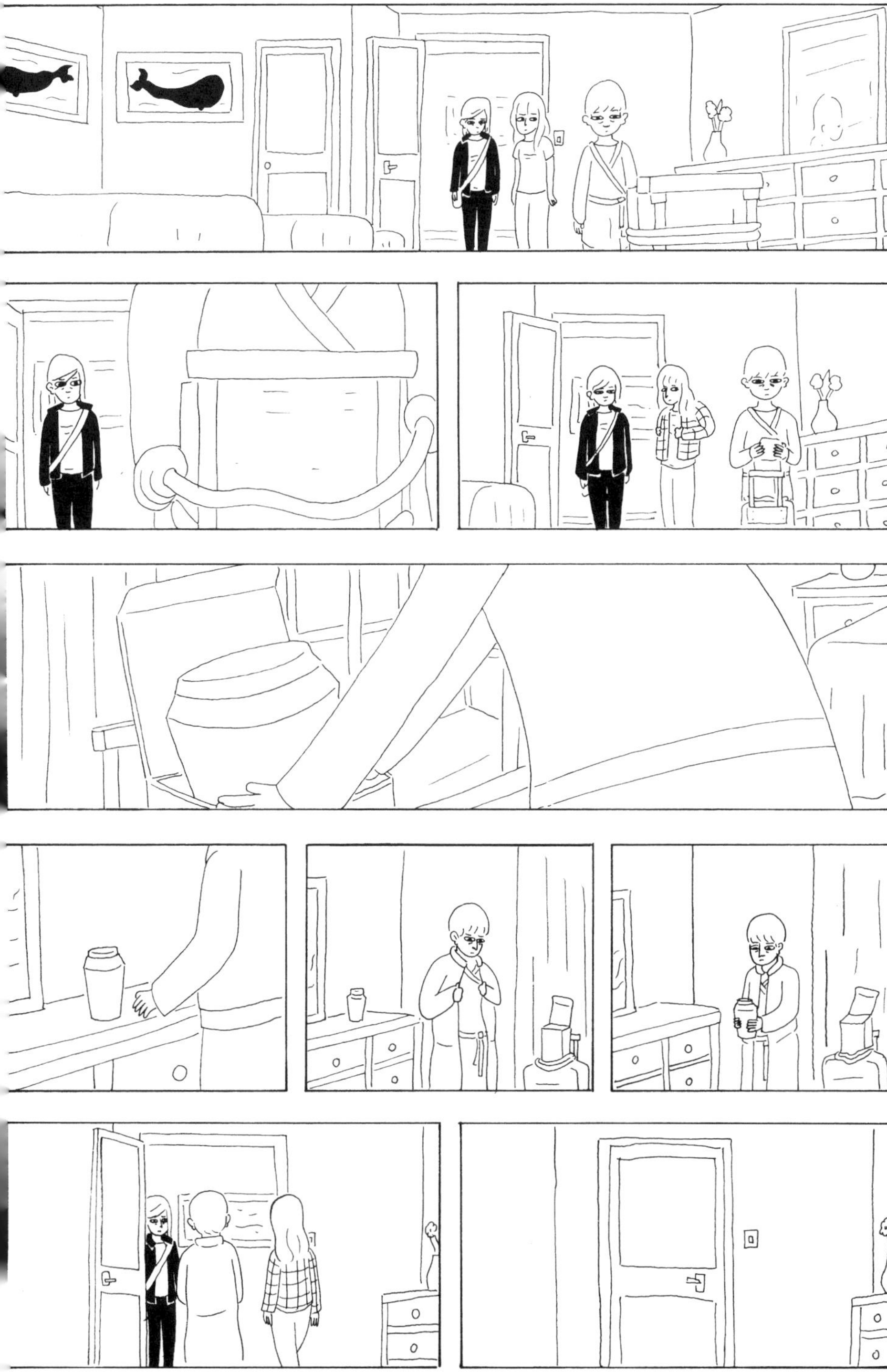

L'une d'entre vous veut-elle dire quelque chose ?
Non.
Je ne saurais pas quoi dire.
Bien. Moi non plus.

Et maintenant ?
Il nous reste trois semaines sur ce bateau...
Ouais. Pas de retour anticipé cette fois.
Rentrons à l'intérieur.
C'est bientôt l'heure du petit déj.
Peut-être que ça va être bien.
Cette croisière.
Papa disait toujours que les baleines sont des « créatures magnifiques et majestueuses ».
Ouais. On va peut-être finir par en voir une.
Restez près de moi.
Pourquoi ça ?

Je porte chance
pour voir les baleines.

ESTIME DE SOI ET FIN DU MONDE
de Luke Healy
a été achevé d'imprimer en décembre 2024
sur les presses de l'imprimerie Jelgavas Tipogrāfija.

Éditions Cambourakis
62, rue du Faubourg-Saint-Antoine
75012 Paris
www.cambourakis.com

Dépôt légal : janvier 2025.
ISBN : 978-2-36624-959-0
Imprimé en Lettonie.